Zafer Şenocak

Atlas
des tropischen
Deutschland

Essays

Babel Verlag

Die Deutsche Bibliothek – CIP-Einheitsaufnahme
Şenocak, Zafer:
Atlas des tropischen Deutschland: Essays / Zafer Şenocak.
– 2. Aufl. – Berlin: Babel-Verl. Hund und Toker, 1993
 (Berliner Edition)
 ISBN 3-928551-10-8

2. Aufl. 1993
© Babel Verlag Hund & Toker, Berlin
Alle Rechte vorbehalten
Umschlaggestaltung: Marc Mendelson
Satz: Pinkuin, Berlin
gesetzt aus Garamond
Druck: Nexus Druck, Frankfurt
Printed in Germany
ISBN 3-928551-10-8

»Das Massensymbol der Deutschen war das Heer. Aber das Heer war mehr als das Heer: es war der marschierende Wald. In keinem modernen Lande der Welt ist das Waldgefühl so lebendig geblieben wie in Deutschland. Das Rigide und Parallele der aufrechtstehenden Bäume, ihre Dichte und ihre Zahl erfüllt das Herz des Deutschen mit tiefer und geheimnisvoller Freude. Er sucht den Wald, in dem seine Vorfahren gelebt haben, noch heute gern auf und fühlt sich eins mit Bäumen.

Ihre Sauberkeit und Abgegrenztheit gegeneinander, die Betonung der Vertikalen, unterscheidet diesen Wald von dem tropischen, wo Schlinggewächse in jeder Richtung durcheinanderwachsen. Im tropischen Wald verliert sich das Auge in der Nähe, es ist eine chaotische ungegliederte Masse, auf eine bunteste Weise belebt, die jedes Gefühl von Regel und gleichmäßiger Wiederholung ausschließt.«

Elias Canetti

»Zu den Grunderfahrungen, die unsere Völker verbinden, gehört das Erlebnis des Waldes. Es hat Lied und Sprichwort des Volkes geprägt und die Großen in Kunst, Musik und Literatur inspiriert. Wir wissen: Ein Wald entsteht nicht über Nacht. Vom Samen bis zum Setzling, bis zum mächtigen Baum dauert es zuweilen eine Generation oder länger. Gleichwohl: der Samen muß heute gelegt werden, damit unsere Kinder und Enkel sich im Schatten des Baumes erquicken können.«

Bundeskanzler Kohl in seiner Tischrede für Gorbatschow am 9. November 1990

Inhalt

Deutschland – Heimat für Türken?

Ein Plädoyer für die Überwindung der Krise zwischen Orient und Okzident

Die Diskussion über das neue Ausländergesetz in der Bundesrepublik, sofern sie im Schatten der aktuellen Ereignisse in der DDR und in Osteuropa überhaupt noch stattfand, wurde weitgehend an uns, der zweiten Generation der türkischen Immigranten, vorbeigeführt. Denn unsere Realität wird in diesem Gesetz weiterhin mißachtet. Wir können uns als hier Geborene und Aufgewachsene wohl kaum mit dem Begriff »ausländische Mitbürger« identifizieren, mit dem im vorliegenden Gesetz operiert wird. Eine Zukunft in diesem Land, ohne die Anerkennung als deutsche Staatsbürger, ist für uns nicht mehr vorstellbar. Bislang jedoch weichen die Verantwortlichen dieser entscheidenden Frage beharrlich aus.

Auch für die Mehrheit der Türken, vor allem für die erste Generation, scheint es wichtigere Themen zu geben als ihre gesicherte und gleichberechtigte Zukunft in Deutschland.

Die Medien und die öffentliche Meinung der Türken in Deutschland sind verlängerte Arme türkischer Medien, türkischer öffentlicher Meinung, türkischen Bewußtseins und sind bisher ohne jede Eigenständigkeit, eigene Vision.

Daran wäre vielleicht nichts zu monieren, wenn man nicht bereits im dreißigsten Jahr der Immigration stünde und wenn es nicht längst an der Zeit wäre, über Gewährung von Bürgerrechten an die Türken in Deutschland nachzudenken.

Als Ergebnis der Immigration von Arbeitskräften, die zum Phänomen des Gastarbeiters geführt hat, ist die Bundesrepublik für die Mehrheit der ausländischen Arbeitnehmer und ihrer Familien de facto zu einem Einwanderungsland geworden. Eine zweite Generation von Ausländern ist herangewachsen und eine dritte wird bereits hier geboren. Die Gesetzgebung und selbst die Wortwahl der öffentlichen Diskussion aber hinken weiterhin der bestehenden Lage hinterher. Seit Jahren spricht die breite Mehrheit der Bevölkerung von der »Integration der ausländischen Bürger« und die Linke von der »multikulturellen Gesellschaft«. Leider erschöpft sich aber die Diskussion bisher in der Erwähnung dieser Schlagworte! Nirgendwo wird deutlich, welch tiefgreifender Bewußtseinswandel bei allen Beteiligten vonstatten gehen muß, damit ein wirkliches Zusammenleben zwischen Einheimischen und künftigen deutschen Bürgern gelingen kann.

Uneingeschränkte Bürgerrechte

»Eine multikulturelle Gesellschaft haben wir schon«, sagen die einen. Darunter verstehen sie wohl das berührungslose Nebeneinander von Kulturen und Lebensanschauungen. Jeder soll nach seiner Façon selig werden, nur auf den eigenen Teller schauen und sich im Ghetto einrichten.

»Integrieren«, meinen die anderen und verstehen darunter nichts anderes als eine glatte Assimilation, das Verschwinden von anatolischen Gesichtern hinter deutsche Masken.

Kann es aber für Deutsche türkischer Herkunft, die sich für ein Leben in Deutschland entschieden haben, eine Integration geben ohne die Gewährung von uneingeschränkten Bürgerrechten?

Mitbürger ohne Bürgerrechte – einen solchen Zustand kann unserer Meinung nach kein demokratischer Staat ohne soziale Konflikte und Spannungen auf Dauer aushalten. Es darf nicht übersehen werden, daß bis in die Regierungsparteien CDU/CSU hinein Kräfte existieren, die sogar die hier seit Jahrzehnten ansässigen »Ausländer« als eine fremde Bedrohung ansehen, die sie am liebsten wieder loswerden würden, wenn dies ökonomisch sinnvoll und rechtlich machbar wäre. Diesen Kräften, die nicht davor zurückscheuen, Stimmungen auszuschlachten, kommt eine allgemein verbreitete undifferenzierte Betrachtungsweise des Ausländers zugute. Hier wird allenfalls nach der Devise: »je fremder, desto gefährlicher« differenziert.

Groteskerweise verhält sich die Sicht der Linken spiegelbildlich dazu. Wer auf Parteitagen ein generelles Bleiberecht für jeden Ausländer, der hierherkommt beschließt, scheint nicht mit hohem Differenzierungsvermögen und Realitätssinn gesegnet zu sein.

Verteufelung und Glorifizierung des Fremden liegen nah beieinander, beides sind Abwehrmechanismen, die nicht auf einem partnerschaftlichen Verhältnis, sondern auf einem Herrschaftsverhältnis fußen.

Die zweite Generation

Wenn wir vom allseitigen Bewußtseinswandel sprechen, meinen wir die Aufnahme einer längst fälligen Diskussion von verdrängten Identitätsproblemen und Berührungsängsten. Die Türken müssen endlich das Wort ergreifen, um sich neu zu orten, zu orientieren und zu definieren. Dies gilt vor allem für die sogenannte zweite Generation und die kommenden Generationen. Sie sind die eigentlich Fremden, weil ihnen der Blick in den Rückspiegel versperrt ist, und leben ohne Bürgerrechte und Heimat. Dabei werden sie als Fremde oft gar nicht mehr wahrgenommen, weil ihre Sprache, ihr Äußeres und ihr Konsumverhalten sie von ihren deutschen Altersgenossen kaum noch unterscheidet.

Ist denn die Türkei noch ihre Heimat und kann sie die Heimat ihrer Kinder sein?

Wir haben das leider noch zu oft verkannte Glück, in einer Zeit zu leben, in der Begriffe wie Vaterland, Heimat und Nation aus verschiedenen Perspektiven gesehen werden können und in der sie längst nicht mehr Schlüsselwörter sind, die nur in ein bestimmtes Schloß passen.

Noch herrscht unter den jungen Türken Deutschlands jener Geist, der nur die gespaltene Identität beklagt, also Sprachlosigkeit. Sie schreiben an einem unendlichen Buch der Erinnerungen, in Fetzen der Kindheit, in verlorenen oder noch nicht gefundenen Sprachen und die Seiten bleiben leer. Noch haben sie keine Sprache gefunden, um aus diesem Buch zu übersetzen, um es anderen mitzuteilen. Für ihre Väter und Mütter sind sie die verlorene Generation. Werden sie für ihre Kinder die Sprachlosen sein? Gibt es einen Weg, der aus der Passivität herausführt, aus Nischen, Ghettos und Halbwahrheiten?

Die Geburt von deutschen Bürgern türkischer, islamischer Herkunft stellt auch die Deutschen vor eine Bewährungsprobe. Für manch einen scheint die Integrationsfähigkeit des deutschen Volkes noch vor der Integration erschöpft zu sein. Die Türken werden zu ewig Fremden stigmatisiert.

Aber auch die genau entgegengesetzte Position, die in jedem Ausländer einen besseren Menschen sieht, die meint, jede archaische Gewohnheit, jede fremde Sitte akzeptieren zu müssen, führt im Grunde genommen nur zu einem Konfliktstau. Denn auch diese Position meint letztlich, ohne Veränderung des eigenen Bewußtseins und ohne den anderen auskommen zu können. Veränderung und Berührung aber sind Schlüsselwörter einer multikulturellen Gesellschaftsperspektive. So gilt es Wege zu erkunden, die latent und offenkundig vorhandenen Berührungsängste zu überwinden, Vorurteile aufzuspüren, das Ghetto zu durchbrechen und jene Atmosphäre zu schaffen, in der sich Fremdheit und Vertrautheit ständig berühren, um Neues wachsen zu lassen. Ein Prozeß, der lustvoll sein kann, aber ebenso schmerzhaft ist, wie an Wunden zu reiben. In vielem erinnert er an künstlerische Arbeit.

Krise zwischen Orient und Okzident

Die jüngere Generation der Türken Deutschlands hat eine historische Chance, die Krise zu überwinden, in der die türkische Identität seit über einem Jahrhundert zwischen Orient und Okzident steckt. Dabei dürfen sie sich aber von den Psychologismen der heutigen Gesellschaft in der Türkei nicht leiten lassen.

Schon die nächsten Generationen werden nicht mehr dazwischen stehen, sondern mitten drinnen in einem europäischen Zusammenhang. Ort und Perspektivwechsel bedingen einander. Ortswechsel, ohne einen gleichzeitigen Wechsel der Perspektive, führt in die Leere. Der Bruch mit der ursprünglichen Heimat ist längst vollzogen. Unvermeidlich ist es aber auch, diesen Bruch in all seinen Konsequenzen zu begreifen, damit die entstandene Leere überbrückt werden kann.

Allzu oft decken sich die Interessen der Türken in Deutschland nicht mit denen der Türkei. Die Entmündigung der Türken in Deutschland manifestiert sich nicht nur durch die Verweigerung von Bürgerrechten durch die Deutschen, sondern auch durch den Alleinvertretungsanspruch der Türkei. Um jedoch in Zukunft die Fähigkeit zu erlangen, die eigenen Interessen zu formulieren und wahrzunehmen, um eine eigene Sprache zu sprechen, müßte die türkische Jugend Deutschlands das Obrigkeitsdenken der Eltern abstreifen und eine einseitige Türkeiorientierung aufgeben.

Die türkische Jugend darf sich nicht an die Phantasmagorie der verlorenen Heimat klammern.

Multikulturell – aber wie?

Fast alle Vereinigungen, die die Türken in Deutschland gegründet haben, haben ihre Wurzeln in der Türkei. Das ist nicht außergewöhnlich, wenn die Interessen der ersten Generation berücksichtigt werden. Wird das aber für die Zukunft ausreichen? Der deutsche Bürger türkischer Herkunft braucht ein eigenes Gesicht, das Differenzen aushalten muß. Denn auch Anpassung kann nicht verhindern, daß er der andere, der Andersartige bleibt. Diese Andersartigkeit bildet den Sockel seiner neuen, vielleicht doppelten Identität oder genauer, seiner Identitäten!

Von einem ungebrochenen Begriff der Identität, wie er allenthalben noch gebräuchlich ist, müßte also Abschied genommen werden. Identität bedeutete und bedeutet auch immer eine Grenzziehung, eine Abwehr und nur allzu oft die Zerstörung eines anderen. Nicht zufällig hat Hans Mayer in seinem Buch *Die Außenseiter* das Scheitern der Aufklärung an Ausschluß und Absonderungsverfahren der bürgerlichen Gesellschaft konstatiert, die die Andersartigen und Außenseiter erfahren.

Ein neuer Identitätsbegriff, der ein Zusammenleben ermöglicht, ohne daß Persönlichkeit und Differenz auf dem Altar der Identität geopfert werden müssen, hat Lücken aufzuweisen, durch die das andere, das Fremde ein- und ausgehen kann. Identität dürfte sich dann nicht mehr als Hegemonie über den anderen manifestieren. Ob dies ein frommer Wunsch bleibt oder eines Tages Realität wird, hängt wohl auch davon ab, ob wir es lernen, Differenzen zu akzeptieren und produktiv zu gestalten, ob wir es lernen, einander zu berühren.

Ein umfassender Bewußtseinswandel muß geschehen, eine Umorientierung, die die Türken mit den Problemen und den Perspektiven Deutschlands verbindet, die die Deutschen um das Kulturgepäck der Türken bereichert und der zweiten Generation endlich den Spielraum schafft, der es ihr ermöglicht, ihren Weg zu finden. Gerade aus den Spannungsfeldern und Widersprüchen zweier Kulturen, im Konflikt zwischen Moderne und Tradition können die Türken Deutschlands jene Kreativität schöpfen, die zu einer spezifischen Kultur führt. Dabei werden die eigenen Wurzeln als etwas Fremdes bestaunt, und die Fremde wird als das Eigene wahrgenommen. Keine Mumifizierung althergebrachter Identitäten, sondern virtuoser Umgang mit Standpunkten und Perspektiven.

Aber es bedarf auch der Veränderung der hiesigen Gesellschaft, des kulturellen Lebens, der Lehrpläne und Bildungsinhalte in deutschen Schulen. Die Multikulturalität einer Gesellschaft kann sich nicht allein in der Befriedigung von Bedürfnissen nach Exotismus und Folklore erschöpfen, sondern müßte vielmehr zu einer ernsthaften Auseinandersetzung mit der Kultur, der Sprache, der Geschichte, der Literatur und der Religion des anderen führen. Dies ist natürlich von besonderer Bedeutung im Bereich der schulischen Erziehung. Ansätze hierzu werden aber in der aktuellen Diskussion um die Zukunft der multikulturellen Gesellschaft kaum berücksichtigt.

Holt uns die Geschichte ein?

Das Bewußtsein von Personen und das kollektive Unbewußte haben immer einen längeren Atem als administrative Maßnahmen und Legislaturperioden. Denn anders als diese kurzfristigen Phänomene werden sie von Symbolen und Metaphern geleitet, die Jahrtausende alt sind. Deshalb geht es künftig darum, zu erkunden, wo, wie und warum das Zusammenleben von verschiedenen Kulturen, das komplizierte Beziehungsgeflecht zwischen Eigenem und Fremdem in der Zivilisationsgeschichte immer wieder gescheitert ist. Die bitteren Erfahrungen des 20. Jahrhunderts liegen noch unverdaut in uns!

Wer aber von uns, Türken zweiter Generation in Deutschland, beschäftigte sich bisher wirklich eindringlich mit der Vergangenheit und der Zukunft Deutschlands? Heißt in Deutschland einzuwandern nicht auch, in die jüngste deutsche Vergangenheit einzuwandern?

Die Geschichte der Juden in Deutschland, als der größten Minderheit anderen Glaubens und die Impulse, die von ihnen ausgegangen sind, aber auch die Wirkung der Aufklärung auf das Judentum mit all ihren Folgen bis zur Emanzipation und Assimilierung bieten uns einen bislang noch nicht analysierten Erfahrungshintergrund. Auch die bitteren Erfahrungen, die zur Auslöschung der jüdischen Minderheit in Europa geführt haben, müssen in die Konzeption eines multikulturellen Europas einfließen.

Droht aber der Antisemitismus der europäischen Geschichte nunmehr nicht um einen aus den Mottenkisten des Mittelalters herausgekramten und aktualisierten Antiislamismus erweitert zu werden? Der Ära der Depolitisierung, der Schnellebigkeit der Begriffe, der postmodernen Beliebigkeit folgt heute ein neokonservativer Schub, der Nationalismus und Fremdenfeindlichkeit wieder salonfähig macht.

Deutsche Frage – deutsche Identität

Ohne Zweifel ist ein Großteil der Deutschen nach 1945 erfolgreich in den europäischen Prozeß eingebunden worden. Dennoch bleibt als neuralgischer Punkt die sogenannte deutsche Frage. Damit ist nicht so sehr die Frage von Grenzen gemeint, sondern die des deutschen Nationalgefühls, der deutschen Identität.

Die Deutschen, vor allem die im Westen, haben ihr Nationalgefühl ins Unterbewußtsein verdrängt. Auch das

16

war Teil einer Strategie der »Vergangenheitsbewältigung«, die eigentlich als ein Projekt des Vergessens bezeichnet werden müßte. Zum Ritual der Bewältigung gehört neben Sühneformeln und Jahrestagen eben auch die Unterdrükkung von Stimmungen, Sublimierung von Emotionen, eingebettet in ein Gesamtkonzept des Wiederaufbaus, der nicht gerade den dornigsten Weg gegangen ist.

Wie der französische Philosoph Alain Finkielkraut in seinem Buch *Vergebliche Erinnerung* eindrucksvoll beschreibt, verhindert dieses Ritual der Bewältigung geradezu eine Aktualisierung der Erinnerung, führt zu einem Mechanismus des vorlauten Vergessens.

Die Anwesenheit einer Minderheit, die sich durch kulturelle, historische und religiöse Differenzen von der Mehrheit unterscheidet, könnte sich als ein wichtiges Korrektiv bei der Wiederentdeckung eines neuen deutschen Nationalgefühls erweisen. Daß dieser Umstand freilich auch ein enormes Konfliktpotential in sich birgt, liegt auf der Hand. Und weil Konflikte sich anstauen und vom Unterbewußtsein angeheizt werden, müßte jetzt schnell gehandelt werden.

Keine Integration ohne Bürgerrechte

Deutschland darf im dreißigsten Jahr der Immigration nicht länger Schlußlicht in Europa bleiben, was die Rechte und Lebensperspektiven von Ausländern angeht. Wir sehen jedoch trotz gegenteiliger Bekundungen von deutscher Seite keinen ernsthaften Integrationswillen, solange die Entbürokratisierung und Liberalisierung des deutschen Einbürgerungsrechts und seiner Praxis aus der Diskussion ausgeklammert werden.

Das Angebot, »Die Ausländer könnten sich ja einbürgern lassen, wenn sie dies wirklich wünschten«, bleibt angesichts der Auflagen des sich an der Abstammung orientierenden deutschen Staatsbürgerschaftsverständnisses ein Hohn. Demnach ist ein Deutschstämmiger aus einem osteuropäischen Land, dessen Vorfahren vielleicht seit 500 Jahren außerhalb deutscher Grenzen gelebt haben und der nur gebrochen oder gar nicht deutsch spricht wie selbstverständlich ein Deutscher. Nicht aber ein Türke der zweiten oder dritten Generation, der hier in Deutschland geboren oder aufgewachsen ist, der kaum türkisch, aber umso besser deutsch spricht: Er ist und bleibt ein Ausländer. Daß in einem Land, in dem der Rassegedanke zu unvorstellbaren Verbrechen geführt hat, dieser weiterhin eine so zentrale Rolle spielen kann, wirkt – milde ausgedrückt – befremdend.

Der Islam als europäischer Faktor

Es scheint zunehmend Berührungsängste auszulösen, daß deutsche Bürger türkischer Herkunft zugleich deutsche Bürger islamischen Glaubens sind.

Längst ist der Islam zu einem europäischen Faktor geworden. In Deutschland leben z. B. annähernd 2 Millionen Muslime. Anders als in vielen EG-Staaten wird der Islam hierzulande als öffentlich rechtliche Glaubensgemeinschaft nicht anerkannt.

Die Zukunft wird zeigen, ob extremistische Positionen aller Seiten einem Dialog Platz machen oder ob sie das Bewußtsein der Menschen weiterhin schwärzen werden. Der Islam darf nach dem Antisemitismus kein neues Feindbild für das europäische Selbstverständnis abgeben. Dafür müssen auch die Muslime arbeiten. Sie müssen endlich anfangen, ihre Tradition kritisch zu betrachten, freie Meinungsäußerung nicht nur zu dulden, sondern auch zu fördern.

Der Islam drängt sich niemandem auf. Die wahre Natur

dieser Religion ist toleranter, als man es heute nach soviel frischer Gewalt und Willkür in islamischem Namen so einfach behaupten könnte.

Die Wurzeln für die Toleranz des Islams liegen in seiner Geschichte, nicht in einer utopisch verklärten, sondern in der praktisch vorgelebten Geschichte eines maurischen Spaniens, eines seldschukischen Anatoliens. Längst überfällig ist heute die Wiederaufnahme und Entwicklung jenes kritisch aufklärerischen Geistes, der vom 9. bis 13. Jahrhundert das morgenländische Denken bestimmte, eine hohe Zivilisation aufblühen ließ und das europäische Mittelalter auf dem Wege zur Neuzeit entscheidend geprägt hat.

Humanistische Ideale und aufklärerischer Geist entstammen nicht dem Eigenanbau Europas. Sie sind vielmehr west-östliche Zwittergeschöpfe, Koproduktionen. Ihre Praktizierung und Pflege würde für die Muslime keine Entfremdung bedeuten, ganz im Gegenteil, sie wäre die Entdeckung von eigener verlorengegangener Tradition.

Diese Wiederentdeckung und Weiterentwicklung eigener Tradition im kritischen Gegenlicht einer pluralistischen Gesellschaft wird aber erst dem gelingen, der gelernt hat, Perspektiven zu wechseln, das Fremde wie etwas Eigenes und das Eigene aus der Distanz zu betrachten. Und nur darin liegt die Chance nächster Generationen, mit Vorurteilen und Feindbildern anders umzugehen, um sie vielleicht irgendwann einmal aus der Sprache der Menschheit zu streichen.

Januar 1990

Ein Türke geht nicht in die Oper

Deutschland – Heimat für Türken? Diese Frage stellten wir uns vor eineinhalb Jahren. Die deutsche Vereinigung war im Gange und raste an uns vorbei, wie ein Zug, in dem wir jedoch selbst saßen. Wir waren mitten in diesem Land, in dem wir aufgewachsen sind, verbunden mit seinen Straßen, Plätzen, Städten und Menschen, aber wir waren auch draußen, weil die Symbole, die plötzlich wieder aus den verstaubten Akten der Geschichte hervorgekramt wurden, uns nichts sagten.

Die Gegenwart Deutschlands teilten wir mit den Deutschen, nicht jedoch ihre Geschichte. Hatten unsere reisenden, schwankenden und widersprüchlichen Symbole Platz in diesem nach seiner Geschichte, als nach einem Fixpunkt, greifenden Land?

Deutschland war nicht nur ein geteiltes Land gewesen, sondern auch ein von seiner Geschichte getrenntes Land. Die Deutschen fühlten sich in der wirtschaftlich prosperierenden Bundesrepublik scheinbar geradezu befreit von der Last der nationalen Symbole (bis auf die DM), die für Franzosen oder Engländer noch selbstverständlich sind. Das erleichterte es nicht nur den Deutschen, die eigene Geschichte zu vergessen, sondern auch dem Einwanderer, eine Auseinandersetzung mit eben dieser Geschichte zu vermeiden.

Was konnte den Türken das Brandenburger Tor bedeuten? Was fühlten sie bei den Klängen der deutschen Nationalhymne? Selbst die Berliner Mauer war kein Symbol, als welches sie oft mißverstanden wurde, sondern ein politisches Instrument des Kalten Krieges.

Wer in den siebziger und achtziger Jahren in Deutschland aufwuchs, deutsche Schulen besuchte, konnte getrost auf Symbole verzichten. Kein Fahnenappell, wie in der Türkei heute noch üblich, kein Nationalgefühl, das sich ständig selbst zitieren muß. Auch die türkischen Symbole wurden von jedem von uns anders wahrgenommen, ergaben längst kein allen gemeinsames Gruppengefühl. Die türkische Minderheit ist auf dem langen Weg gewesen zur kosmopolitischen Gruppierung, und das in einem mitteleuropäischen Land, das sich einer übernationalen Idee von einem vereinten Europa verschrieben hatte, mit starken pazifistischen Tendenzen. Nationale oder nationalistische Ziele wurden nicht mehr von gesellschaftstragenden Kräften verfolgt, sondern waren zu identitätsstiftenden Fiktionen von Randgruppen geworden.

Was ist in der Zwischenzeit, in der relativ kurzen Zeitspanne seit der Maueröffnung im November 1989 passiert, daß ein Ex-Bundeskanzler dieser offenen, liberalen, kosmopolitisch orientierten Bundesrepublik, die immer zu eigenem Gunsten die intensivsten kulturellen und ökonomischen Verflechtungen mit der ganzen Welt unterhält und über eines der dichtesten Kommunikationsnetze der Welt verfügt, in der von ihm selbst mitherausgegebenen liberalen Zeitung *Die Zeit* die linksliberalen Intellektuellen bezichtigt, voreilig die vom Volk weiterhin geteilten Nationalgefühle über Bord geworfen zu haben:

»Zwar haben manche Intellektuelle uns schon des längeren einreden wollen, wir sollten freiwillig auf unsere nationale Identität verzichten, sie sei gar nicht mehr zeitgemäß; sie haben uns überzeugen wollen, wir müßten das Streben nach Einheit der Nation um des Friedens willen aufgeben, es sei ohnehin nicht ehrlich gemeint. Aber diese klugen linken Liberalen haben bloß für einige ihresgleichen gesprochen, die – angesichts unserer Geschichte nicht unverständlich – Schwierigkeiten damit hatten, sich mit ihrem eigenen Volk zu identifizieren.« (»Zur Lage der Nation«, in: *Die Zeit*, 3. Okt. 1991)

Aber Helmut Schmidts Urteil scheint angesichts des Verhaltens weiter Teile der deutschen Intellektuellen vollkommen ungerechtfertigt. Denn die meisten deutschen Intellektuellen, selbst die enfant terribles der 68er Generation, ganz zu schweigen von den Kulturyuppies der achtziger Jahre, zu deren Bettlektüre vor allem Ernst Jünger zählt, haben sich wie Schafe in die Herde eingereiht, so daß man sich oft fragt, ob nun an Stelle der staatstragenden Intellektuellen des SED-Regimes, der Intellektuelle eines neuen patriotischen Deutschland getreten ist, der seinen Platz wieder in festen Strukturen sucht und seine Aufgabe darin sieht, sich im Fahrwasser der Politik der Bundesregierung mit den Symbolen und der Sprache des Volkes (wen oder was man auch darunter verstehen mag) zu identifizieren.

Fast unwidersprochen wurde eine höchst diffuse Zusammengehörigkeitstheorie konstruiert und akzeptiert, die zwar einen neuen wieder vereinten Nationalstaat Deutschland schaffen soll, an den gegenwärtigen Realitäten eines multikulturellen Europas aber vorbeigehen muß.

Nach wie vor sehen die Deutschen jedweder Gesinnung in uns die Fremden. Selbst wenn man in ihrer Sprache schreibt, bleibt man ein Exot, ein Eindringling, wird teils bewundernd, teils mißtrauisch inspiziert. Ein Türke liest den Koran, geht nicht in die Oper. Rassismus dieser Art braucht keine Keule, keine Nürnberger Gesetze, er wirkt intellektuell, über die Bilder im Kopf, durch unsichtbare und deshalb schier unüberwindliche Zäune. Selbst diejenigen »Ausländer«, die in Deutschland geboren sind, werden auf diese Weise niemals in diesem Land ankommen, sie werden ihr Leben lang Zwischenräume ausfüllen, von Beruf Lückenbüßer sein, werden ihr Leben lang Fragen zum Leben zwischen den Kulturen gestellt bekommen.

Reminiszenzen an die Heimat der Väter tragen sie wie

Samen in sich, den der hiesige Boden nicht annimmt. Selbst wenn sie hier Wurzeln schlagen und ihre Herkunft wie eine Pusteblume von sich blasen, müssen sie sich fragen, ob ihre Assimilation als Preis hoch genug ist, um die Reise nach Deutschland beenden zu dürfen, um das Haus am Ziel als das eigene zu bezeichnen.

Vielleicht handelt es sich bei der Reise nach Deutschland nicht um eine Reise in ein Land (denn geographisch gesehen halten die, die unterwegs sind, sich schon längst – wenn nicht schon von Geburt an – hier auf), sondern um einen Gemütszustand, einen seelischen Raum, der unerreichbar bleibt.

In diesem Fall würde auch die vollkommenste Anpassung – oft handelt es sich dabei um eine Überanpassung, wodurch man sich sofort wieder verrät –, die Aufgabe von Sprache, Religion und allen anderen Identitätsmerkmalen nichts nutzen. Wer denkt dabei nicht an das Schicksal jener deutschen Juden, die so gut wie keine andere Minderheit im Deutschen aufgegangen waren, dennoch von den irrationalen Argumenten des Antisemitismus eingeholt und vernichtet worden sind.

Noch haben die Türken Deutschlands in zweiter Generation keine Konzepte für ihr zukünftiges Dasein in Deutschland entwickelt. Nicht nur die deutsche Politik wartet ab, auch sie selbst zögern, sich selbst zu organisieren und institutionalisieren, durch Wort und Tat sich bemerkbar zu machen, herauszutreten aus der Menge der Gäste, Opfer und Gejagten.

Ihr Denken und Handeln wird auch für die Kommenden Weichen stellen. Doch ist dieses Warten nicht absurd? Gäste – dieses Wort kann in Deutschland sehr ambivalent verstanden werden, denn der Gast ist im Gegensatz zum Kunden nicht nur König, sondern auch eine Last, und die Deutschen leiden chronisch an Platzangst – und Ausländer sind immer Fremde, außerhalb der eigenen Reihen. Wann und wie jedoch wird aus den Fremden eine Minderheit, die mit der Mehrheit zusammen ein Ganzes bildet?

Eine Minderheit hat gesicherte Rechte als Minderheit gegenüber der Mehrheit. Doch eine Minderheit hat auch eine Bringschuld gegenüber der Mehrheit. Sie schließt einen Vertrag – sozusagen einen zweiten contrat social – mit der Mehrheit ab, in dem sie das Grundgesetz und die elementaren Verpflichtungen und allgemeinmenschlichen Werte der Mehrheit auch zu ihrem eigenen Schutz akzeptiert. Diese Art von Übereinkunft bedeutet noch keine Assimilation, denn die Minderheit kann Freiräume in der Gesellschaft beanspruchen, die es ihr ermöglichen, die eigene kulturelle Identität weiter zu behalten, das heißt vor allem Sprache, Religion, Mythologie und Symbole. Diese gehen somit in das Kulturgut des Landes, in dem die Minderheit lebt, auf und bilden die Saat kultureller Vielfalt in der Gesellschaft.

Sitten und Gebräuche dagegen sind selten nationale Kategorien. Sie sind oft regional bedingt oder schichtenspezifisch. Sie stiften Identität in einem viel engeren Kreis und werden im allgemeinen auch schneller aufgegeben oder verändert. Besonders oft aber vermischen sie sich mit religiösen Vorstellungen und werden dadurch resistent gegenüber Veränderungen. Ein krasses Beispiel für einen solchen Fall ist die Frauenbeschneidung, die in einigen Teilen Afrikas und des Vorderen Orients heute noch üblich ist und deren Import durch Einwanderer nach Frankreich große Diskussionen auslöste und auch rechtliche Folgen hatte.

Einen schwierigen Komplex stellt ebenfalls der Ehrenkodex der Männer dar, die in einer ungebrochen patriarchalen Kultur aufgewachsen sind.

In all diesen Angelegenheiten muß jede Minderheit einen bestimmten Grad an Eigenständigkeit auch gegenüber der Herkunftskultur und dadurch Wandlungsfähigkeit und Flexibilität erreichen, um existieren zu können. Andernfalls büßt sie an gesellschaftlicher Bedeutung ein, exotisiert sich

selbst und verschwindet in der Mottenkiste der Geschichte.
Umgekehrt läuft die Mehrheit Gefahr, die Kultur der
Minderheit als Einheit zu betrachten ohne zu differenzieren,
folkloristische Aspekte überzubetonen und immer die eth-
nologische Brille aufzusetzen, wenn eine gewisse Distanz
geschaffen und das Trennende unterstrichen werden soll.
Aus diesem Blickwinkel besteht die Literatur des Orients bis
in unsere Tage aus Märchen. Ein arabischer Autor ist immer
nur ein Märchenerzähler.

Die Moderne ist den Europäern reserviert. Anderswo keine
Experimente!

Die Beziehungen zwischen der Minderheit und der Mehrheit sind nicht statisch. Sie können spannungsgeladen, aber
auch für beide Seiten fruchtbar sein. Kulturelle Identität läßt
sich niemals ghettoisieren. Die Anhänger von Ghettos sind
entweder Demagogen oder Träumer. Jede Kultur entsteht
und lebt in der Reibung mit anderen. Oft ist der gegenseitige
Austausch der Beginn von gravierenden Veränderungen.

In einem Staat, der danach drängt, daß die nationale und
kulturelle Identität seiner Bürger identisch zu sein hat und
der dazu noch die Abstammung seiner Bürger in erster Linie
über den Blutsweg festlegt, können auf Dauer keine Minderheiten Wurzeln schlagen. Sie werden nur als Gäste
toleriert, sie werden geduldet, aber nicht akzeptiert. Damit
ist das türkische Dilemma in Deutschland umschrieben, das
schon bald, wenn nicht schon heute, ein deutsches Dilemma in einem vereinten Europa sein wird. Denn ein Gemeinwesen, daß keine Minderheiten in sich, als ihr angehörig
akzeptieren kann, kann sich nur schlecht in ein multinatio-
nales System einordnen, in dem es selbst wiederum nur eine
Minderheit darstellen wird.

Allein deshalb müßte die Veränderung der deutschen
Ausländerpolitik in eine Einwandererpolitik auch vom bür-
gerlichen Lager gefordert werden, wenn die europäische
Einigung nach wie vor Priorität haben soll.

Deutschland wird in seiner heutigen inneren Verfassung immer dazu neigen zu dominieren, statt zu kooperieren. Deshalb wäre es im Interesse der Nachbarn Deutschlands, für eine Änderung des deutschen Ausländerrechts zu plädieren.

Würde dagegen das in Deutschland geltende Recht europaweit zur Anwendung kommen, wäre dies wohl der Anfang vom Ende des vereinten Europas, da dieses Recht auf Abschottung und fiktive, vom Blut abgeleitete nationale Identität baut und einem übernationalen Gemeinwesen Gleichgesinnter keinen Raum gibt.

Der Verfassungspatriotismus, von dem Heiner Geißler spricht, hat im vereinten Deutschland des Jahres 1991 keine Mehrheit. Das Innenministerium setzt auf schleichende Assimilation. Breite Kreise der Bevölkerung auf Vertreibung. Wem nützt es da, wenn eine verschlissene Linke, grün oder rot, für eine multikulturelle Gesellschaft betet. Zerredet ist sie, die multikulturelle Gesellschaft, kein Traum mehr, nicht einmal ein Alptraum.

Deutschland ist heute weit davon entfernt, Religion, Sprache und den kulturellen Ausdruck seiner Minderheiten offiziell als gleichwertig anzuerkennen.

Deutsche Bürger mit türkischem Namen und islamischem Glauben bedeuten auch, daß türkische und islamische Insignien in der deutschen Kultur verankert werden und daß neue Kreuzungen und neuartige Formen von Identität entstehen. Nicht nur christliche Wallfahrtsorte, sondern auch Mekka und Medina werden unter den Bürgern Deutschlands religiöse Gefühle erwecken. In der Kunst, die in europäischen Metropolen wie Berlin, London und Paris von Einwanderern geschaffen wird, in Literatur, Malerei, Film, vor allem in der Musik sind diese Tendenzen längst zu beobachten.

Die Eingewanderten sind dabei, neue ästhetische Kategorien zu entwickeln, die die Wahrnehmungen des Fremden nachhaltig verändern können. In Deutschland fehlt allerdings dieser längst zur Realität gewordenen Entwicklung der politische und rechtliche Boden. Deutschland akzeptiert seine Rolle als Einwanderungsland für bisher fünf Millionen Menschen aus allen Teilen der Welt nicht und betreibt weiterhin eine Politik der Abschottung, deren Ziel es ist, den Deutschen die Mühe abzunehmen, sich mit den Kulturen der Einwanderer ernsthaft auseinanderzusetzen.

Zusammenleben ohne Berührung ist die unausgesprochene Devise.

Eckart Schiffer, Leiter der Verfassungsabteilung im Innenministerium und Chefdenker in Sachen Ausländerpolitik, bringt es wie folgt auf den Nenner:

»Diese anderen Lebensstile können als individueller Lebensausdruck in den Grenzen des Rechts Freiheit beanspruchen. Dies bedeutet aber nicht, daß kollektiv im Staatsgebiet die Gleichrangigkeit mit den kulturellen Wertsetzungen des Staatsvolkes beansprucht werden kann.« (*Der Spiegel*, 30. Sept. 1991)

Und das Staatsvolk in Deutschland ist deutsch. Das Denken des Staatsvolks, also das der Mehrheit gegenüber den Minderheiten, wird von Überlegenheit und ungeteiltem Machtanspruch bestimmt. Komplementär dazu operieren die Regierenden mit latenten Überfremdungsängsten und archaischen Metaphern wie: »das Boot ist voll«, die Emotionen auslösen und die Bereitschaft zur sachlichen Analyse der Lage mindern.

Es wäre die Aufgabe einer kritischen Intelligenz, allen voran der Schriftsteller, diese Metaphern und Sprechweisen zu entlarven und zu demontieren. Vor allem die »Raumfrage« hat Tradition in Deutschland. Deutsche nehmen ihr sicherlich nicht dünnbesiedeltes Land immer wieder als »Hong Kong« wahr, das dem Ansturm von Fremden aus aller Welt ausgesetzt ist.

Eine Feststellung wie: »das Boot ist voll«, kippt assoziativ unweigerlich in die faschistische Parole vom: »Volk ohne Raum« um.

Was tun in dieser Situation? Dies werden sich nicht wenige aus unserer Generation fragen – die Koffer packen? In Depression verfallen, in Mutlosigkeit, in Selbstmitleid, in Wut, Haß, Gegengewalt?

Aber das Spiel ist noch nicht zu Ende. Denn es hat eigentlich noch nicht begonnen.

Wir müssen an diesem Spiel endlich als Spieler teilnehmen und nicht als Figuren und Steine, mit denen gespielt wird.

Wir müssen uns auf allen Ebenen der Frage stellen, wer an den Hebeln der Macht sitzt, wer über uns verfügt. Wir müssen uns bemühen, stärker am politischen Leben teilzunehmen, daran zu arbeiten, Institutionen für uns zu schaffen, Sprachrohre, um Medienwirksamkeit und Lautstärke zu gewinnen.

Wie können wir unsere Diskussionen von den Rändern in die Mitte tragen? Wir dürfen nicht länger die Hühneraugen der Gesellschaft sein, die man abschält.

Welche Rolle spielen für uns die Namen, die wir tragen, die Kultur unserer Eltern, Religion und Sprache?

Unter den Türken wird nicht nur für die Frommen die Religion immer mehr zum letzten identitätsbildenden Faktor. Die Religion steht für die Differenz zu einer einerseits weitgehend säkularisierten Gesellschaft, die sich aber andererseits in Abgrenzung zum Islam wieder ihrer christlichen Wurzeln vergewissert. Europäische Identität wird zunehmend am christlichen Glauben festgemacht.

In einer solchen Atmosphäre fällt dem Dialog der Religionen, vor allem dem zwischen Christen und Muslimen, eine besondere Rolle zu. Kaum bereit für einen solchen Dialog sind, anders als die säkularisierten Christen, die Muslime, deren Kodex für den vom Glauben Abtrünnigen immer noch den Tod vorsieht. Das Schicksal Salman Rushdies hat die

Brisanz dieser Problematik offengelegt, ohne daß dies im muslimischen Lager größere Diskussionen ausgelöst hätte.

Auf Dauer wird sich das muslimische Selbstverständnis vor allem in Europa verändern müssen. Der Islam ähnelt in der Gesetzesverbundenheit dem orthodoxen Judentum. Ähnlich wie die Juden der westlichen Welt werden die europäischen Muslime stärker als bis jetzt den Weg zu einer Reform ihres Glaubens suchen und finden müssen. Die Diaspora bietet dabei nicht nur den Anhängern des Ghettos beste Bedingungen, sondern auch denen, die eine aktuelle, frische Sprache für ihren überlieferten Glauben suchen und an der Schwelle zum 21. Jahrhundert nicht wie im 7. leben wollen.

Doch der Weg zum Fortschritt wird in Zukunft ohne Fortschrittsgläubigkeit beschritten werden müssen, vielmehr mit Pragmatismus und Behutsamkeit, welche die Überlebensmöglickeiten des Menschen in einer offenen Weltgesellschaft ausloten.

Das europäische Denken über den Islam ist immer noch von der fast tausendjährigen Geschichte der Kreuzzüge getrübt. Das Wort »Türke« erinnert an Türkenkriege. Das Wissen über den Islam und die islamische Welt ist rudimentär und wird von selbsternannten Experten über die Medien oft bewußt oder unbewußt verzerrt.

Selbst die Erkenntnisse der Wissenschaft über den Orient sind nicht frei von Vorurteilen, sondern weben mit am Stoff, aus dem der Orient als das gänzlich andere erst geschaffen wird.

Unter diesen Voraussetzungen ist auch und vor allem in Europa unter den Christen ein neues Denken über den Islam erforderlich. Was für ein Bild haben die christlichen Kirchen heute vom Islam? Gibt es überhaupt einen Konsens?

War Mohammed ein sexbesessener Scharlatan,«düster, ja finster, glühend rachlustig und von Rache gesättigt«, wie er von Goethe in seinen *Noten und Abhandlungen zum West-Östlichen Divan* charakterisiert wird, ein Plagiator, der kräftig von der Bibel abgeschrieben und die Wahrheiten der anderen Religionen »mit häßlichem arabischen Kamelunrat umpflanzet« hat (Herder)?

Ist der Islam lediglich eine ketzerische Sekte? Ein Zwitter zwischen Judentum und Christentum? Oder eine Weltreligion, entstanden nach einer göttlichen Offenbarung, ein Heilsweg auch aus christlicher Sicht?

Erst die Klärung dieser Fragen wird das Kapitel der gegenseitigen Diffamierungen und des Blutvergießens vielleicht schließen und einem Dialog den Weg bereiten. Europäische Politik, Kultur und Wissenschaft haben es verstanden, islamisches Erbe in Europa in Vergessenheit geraten zu lassen. Aufklärerische Ansätze und griechisches Erbe paßten nicht zum Bild vom ewig rückständigen und grausamen Orient und Orientalen. Das Orientbild des Europäers kennt keine Widersprüche, es ist ein simples Feindbild zur Fixierung eigener Identität. Der islamischen Kultur werden keine Ketzer, keine Dissidenten, keine Freidenker zugetraut. Als hätte es keinen Omar Chajjam, keinen Haladsch al Mansur, keinen Rumi, keinen Ibn Arabi, keinen Ibn Rushd gegeben. Als stünde Salman Rushdie in keiner Tradition. Länger als ein Jahrtausend gewährleisteten islamische Kulturen unter vordemokratischen Bedingungen das friedliche Zusammenleben zwischen verschiedenen Völkern und Religionen, so etwa in Spanien, auf dem Balkan und in Anatolien.

Sollte Deutschland, sollten die aufgeklärten, freiheitlichen und pluralistischen Demokratien Europas an der Schwelle zum 21. Jahrhundert wieder einmal an dieser Herausforderung scheitern?

Januar 1992

Schrebergärtner des Bewußtseins

Über Schuld und Unschuld in Deutschland

In Deutschland wird gerne und viel über Schuld gesprochen. Geschichte ist ein Synonym für Schuld. Schuld somit immer ein Zeichen für etwas Historisches, Abgeschlossenes, ein Siegel für die Gegenwart. Taten oder Ereignisse versehen mit dem Prädikat *Schuld* sind nicht mehr rückgängig zu machen, erscheinen nicht mehr veränderbar. Fragen nach den Schuldigen beschäftigen die Deutschen unentwegt. Wer ist schuld an der DDR-Vergangenheit, am Völkermord an den Juden, an den Sinti und Roma, an den Kriegstoten des Zweiten Weltkrieges? Wer war schuld daran, daß der Erste Weltkrieg verloren wurde?

Auch die Fragestellung, wer die Schuld am Wiedererstarken eines ultra-rechten Spektrums mit bis zu 15 % Wählern und weitaus mehr Sympathisanten (34 % der Deutschen haben nach einer aktuellen Umfrage – *Spiegel* 4/1992 – Verständnis für Rechtsradikale) trägt, versiegelt den aktuellen Vorgang, und er wird damit zum Resultat. Die Frage nach der Schuld zu stellen, heißt auch immer Bilanz ziehen wollen, zumindest aber eine Zwischenbilanz, in der die Rollen, die der »Schuldigen« und der »Unschuldigen«, verteilt werden. So wird der Beginn eines Prozesses zu seinem vermeintlichen Ende gemacht. Nicht: »den Anfängen wehret«, sondern die Schuldigen stellt an die Wand, damit umgeblättert werden kann im Buch der Geschichte. Die Katharsis durch den Schuldspruch soll die Analyse der Gegenwart verhindern, indem die Ereignisse der Gegenwart unter die Mäntel der Schuldigen gesteckt und wie der Teufel beschworen werden. Fern sollt ihr uns bleiben, bei den Schuldigen, fern von uns! In einer Gesellschaft, die jede Art von Unheil wie den Tod verdrängt, geht man mit allerlei Ängsten so um.

Doch wer versteckt sich hinter diesem »wir«? Hinter ihrer von den Schuldigen geborgten Identität als Unschuldige? »Wir« – die mit den Opfern – Behinderten, Ausländern, Juden, Frauen, Radfahrern, Versuchstieren – solidarischen guten Deutschen im Gegensatz zu den bösen? Der häßliche Deutsche ist die Inkarnation der unveränderbaren und unabtragbaren Schuld.

Seit der griechischen Antike, als der »zivilisierte« Grieche mit dem Finger auf den »Barbaren«, zeigte und der Finger zu sprechen begann, um die Spaltung der Menschheit literarisch zu formen, werden Schuld und Unschuld immer gleichmäßig verteilt. In Weltanschauungen, auf der Bühne der Politik und im Spiegel der Gesellschaft werden das Gute und das Böse mit Menschen und Gruppen personifiziert. Damit übernehmen sie in Wirklichkeit die schnulzigen Rollen der Traumfabriken.

Durch die vereinfacht und identitätsbezogen gestellte Schuldfrage wird die Gegenwart totgeschlagen, zumindest aber in Vergangenheit verwandelt, schneller als es der Lauf der Zeit vermag. Schuld friert den Augenblick des Handelns ein. Schuld und Unschuld als Kategorien gesellschaftlicher Auseinandersetzung verleihen Immunität und Identität. Sie verhindern eine schonungslose, vielleicht aufwühlende oder düpierende Röntgenaufnahme, die Analyse festgefahrener Positionen, die Entdeckung des Blicks als eine Extremität des Kopfes, als Lust- und Ausscheidungsorgan.

Rhetorik oder Analyse?

Die öffentliche Thematisierung des Rechtsrucks in Deutschland, dessen Tragik sich nicht nur in steigender Wählergunst, sondern auch in den Opfern von mehr als 2000

Gewalttaten gegen Fremde in einem Jahr ausdrückt, bleibt im Rahmen der Muster deutscher Vergangenheitsbewältigung. Durch Schuldspruch sprechen sich die Einzelnen von der Schuld los.

Im Moment identifiziert eine brüchige Allianz aus versprengten Linken, Gesinnungsliberalen und ernannten wie auch selbsternannten Ausländerbeauftragten die Schuldigen vor laufenden Kameras (das Fernsehen ist die mächtigste Anstalt der Katharsis): die konservativen Politiker hätten durch ihre Polemik, vor allem in der Frage des Asylrechts zum Anwachsen der Fremdenfeindlichkeit in Deutschland beigetragen. Die Aussage ist genauso richtig wie ohne Folgen. Auch in diesem Fall ersetzt eine Schuldrhetorik die Analyse.

Trägt nicht auch die fehlende Differenzierungsfähigkeit an der Solidaritätsfront zu Mißverständnissen, Pauschalisierungen und zur Verschärfung des Konflikts bei? Sind Sprüche wie: »Wir alle sind Ausländer, fast überall« wirklich intelligent (überzeugt davon muß zumindest jener renommierte deutsche Verlag sein, der damit für seine Bücher wirbt) oder unendlich dumm, angesichts der Not von Flüchtlingen, der Identitäts- und Verlustängste von sozial schlecht Gestellten, den Verunsicherungen und Identitätsproblemen der zweiten und dritten Generation von Einwanderern, angesichts kultureller Ignoranz auf allen Seiten? Kann das alles in Verbindung mit dem Wohlergehen oder der Enttäuschung von Touristen begriffen und verarbeitet werden? Kann das alles in einen Topf geworfen und auf die rhetorisch angeheizte Herdplatte von Diskussionen gesetzt werden, deren Inhalt sich in »Einwanderungsgesellschaft ja, Einwanderungsgesellschaft nein« erschöpft?

Der Versuch die Demagogen in ihrem eigenen Fach, nämlich der Rhetorik zu schlagen, muß scheitern. Die immer wieder zitierten versprachlichten Mahnmale der deutschen Geschichte haben keineswegs jene angenommene Wirkung der Abschreckung und Mahnung. Vielmehr sperren sie aktuelle Vorgänge in die Muster der deutschen Vergangenheitsbewältigung ein, tragen ohne Analyse zur Vergänglichung der Gegenwart bei.

Ausbruch der Schutzbefohlenen

Wahrscheinlich wird die Idealisierung der Fremden, aber auch die Idealisierung von Heimatgefühlen durch die Fremden selbst gebrochen. Jene Muslime, die auf englischen Straßen Rushdies *Satanische Verse* verbrannten und seinen Kopf forderten, haben sich aus der Umklammerung ihrer Freunde, deren Freundschaft an ihre Identität als Fremde und ihre Minderheitenexistenz gebunden war, gelöst. Akzeptiert wurden sie als Opfer und Schutzbefohlene, aber als Täter? Als aggressive Einforderer von Rechten, als selbstgerechte Richter über die Rechte anderer? So war das nicht geplant.

Ihre an sich sicherlich nicht begrüßenswerte Tat wurde nicht zum Anlaß genommen, die Funktionalisierung von Freundschaft und Solidarität zwischen Eingewanderten und Einheimischen zu begreifen und zu diskutieren, ebensowenig wie die selbstverständlichen Konflikte und Mißverständnisse, die geradezu das Ferment jeder multikulturellen Gesellschaft darstellen. Vielmehr reagierte die westliche Gesellschaft – allen voran ihre Intellektuellen – wieder im gewohnten Muster des Schuldkomplexes:

Unschuldig war der angegriffene Dichter, der sich in seinem von den Muslimen als blasphemisch empfundenen Roman ohne Vorbehalte und historischkritische Distanz einer über tausend Jahre alten christlichen Polemik gegenüber dem Islam und seinem Gründer Muhammed bedient hatte, schuldig die geifernde Masse der blind Gläubigen. Hier, die durch Aufklärung mühsam errungene Sphäre der Meinungsfreiheit, dort die Gewalt archaischer Mythen.

Schnell sank die Diskussion auf den Boden einer fast dreitausendjährigen Geschichte, fand an der Scheidegrenze zwischen »Zivilisation« und »Barbarei« statt. Unberührt blieb in der Diskussion die Aufarbeitung christlich-islamischer Kommunikation in Geschichte und Gegenwart. Es war kein Thema, was Muslime bei der christlichen Polemik empfinden, bei der die angeblichen sexuellen Entgleisungen Muhammeds im Gegensatz zum keuschen und selbstaufopfernden Christusbild stehen und aus der Perspektive des lustfeindlichen Christentums gegeißelt werden.

Für Papst Innozenz III. war Muhammed das »Tier der Apokalypse« und bei Dante ewiger Höllenbewohner. Jahrhundertelang verkörperte er den Antichrist schlechthin. Herrscher, die die Nähe von aufgeklärten muslimischen Philosophen suchten und sich von ihnen inspirieren ließen – der Staufer Friedrich II. auf Sizilien zum Beispiel – waren ebenfalls Antichristen. Die Imagination von der Sexualität der anderen wurde zu einer Methode der Ausgrenzung, nicht nur gegenüber den Muslimen, sondern auch gegenüber Juden und »Ketzern« innerhalb des Christentums.

In Salman Rushdies Buch übernimmt Baal, der scharfzüngige Widersacher des Mahound (der Autor verwendet die im europäischen Mittelalter verbreitete christliche Dämonisierung des Namens »Muhammed«) in einem Bordell in Jahilia in der Phantasie die Rolle des Propheten, während die Huren seine Frauen spielen. Sind nun diese heftig angegriffenen Stellen, diese Familientravestie um die Gestalt des Propheten, tatsächlich die Fortsetzung einer voraufklärerischen Polemik? Einer Polemik, in der die Angst vor der Sexualität und ihre gleichzeitige Verdrängung die Phantasie anstachelt, wenn es um das Leben des Gegenspielers geht? Oder handelt es sich dabei nicht vielmehr um ein postmodernes Spiel mit Lebensgeschichten und Legenden, ein Kräftemessen der skeptischen dichterischen Phantasie mit den unantastbaren Gewißheiten der Offenbarung?

Rushdie hat kein Geschichtswerk verfaßt, sondern einen Roman. Gerade deshalb müßte der Wahrheitsanspruch seiner Fiktion komplexer sein. Fiktion nämlich stellt den Wahrheitsanspruch des Wortes generell in Frage. Die zwischen den Kulturen überlieferten Topoi können nur Material, keineswegs jedoch Parabeln für den geschlossenen Schaltkreis von Werten für ein allgemeingültiges und umfassendes Weltbild sein. Die zentrale Frage ist also, *wie* der Autor mit dem ausgewählten Material umgeht, ob er in seinem Werk ein eigenes Verhältnis zu den Topoi entwickelt, oder ob er nur das Echo einer langen, stigmatisierenden Topoikette wiedergibt.

Als der dritte Kalif Omar die berühmte spätantike Bibliothek von Alexandria in Schutt und Asche legen ließ, soll er folgendes geäußert haben: »Wenn der Inhalt all dieser Bücher mit dem des Koran identisch ist, brauchen wir sie nicht, doch wenn in ihnen etwas anderes steht als im Koran, dann brauchen wir sie erst recht nicht.« Histörchen wie diese wurden in der westlichen Öffentlichkeit nach der Rushdie-Affäre wieder zitierfähig. Dabei schafft schon ein flüchtiger Blick ins Geschichtsbuch Klarheit: Die Araber eroberten Alexandria 642 n.Chr.

Die Bibliothek aber wurde bereits 391 n.Chr. auf Veranlassung eines christlichen Patriarchen zerstört. Die gefälschte Überlieferung ist eine jener phantasierten Schreckensszenarien, mit denen das christliche Europa jahrhundertelang anhand der Muslime nach dem Wesen des Bösen forschte. Nicht der Geist der Aufklärung, sondern Legenden dieser Art bestimmen nach wie vor die Kommunikation zwischen der westlichen Welt und der islamischen.

Dennoch kann die historische Unwahrheit in diesem Fall nicht darüber hinwegtäuschen, daß den Wortgläubigen in letzter Konsequenz jede Fiktion als Gotteslästerung vorkommen muß. In ihren Augen sind Phantasie und Realität deckungsgleich. Eine historisch-kritische Betrachtung islamischer Quellen und Überlieferungen durch Muslime ist längst überfällig. Ebenso eine kritische Geschichtsschreibung, die die Ebene von kitschigen Ritterromanen verläßt und in der Lage ist, Personen und ihr Handeln aus den sozialen und historischen Umständen heraus zu erklären. Den Koran sowohl als Offenbarung, als auch als Zeitdokument lesen und verstehen zu können, ist der Schlüssel einer unbedingt notwendigen Erneuerung des muslimischen Verständnisses von Religion in der Moderne.

Chancen der Diaspora

Das, was als Entfremdung von Heimat nur negativ aufgefaßt wird, birgt durchaus Chancen zur Enttarnung von philisterhaften Zuordnungen an Räume und Rassen, Blut und Boden. Was könnte Rassentheorien besser entlarven, als die Tatsache, daß Menschen durch Einwanderung Sprache und Werte ihrer neuen Gemeinschaft symbiotisch mit der eigenen Herkunft verschmelzen? Doch ist es wesentlich, bei der Alchemie dieses Vorgangs die Konlikte und Widersprüche nicht in einer Atmosphäre des »Gemeinsam-Feste feierns« vernebeln zu lassen. Denn dort, wo sich die Einheimischen nur mit den eigenen Bildern über die Fremden begnügen, findet keine Begegnung statt, sondern Ringelpiez als Kehrseite einer unfruchtbaren Konfrontation. Die Exotisierung des Fremden ist nur eine Version der Ausländerisierung der Fremden im eigenen Land. Ist es nicht vielsagend zu beobachten, daß beim Zusammenwachsen der deutschen Nation die Opferwilligkeit offensichtlich nicht von den Blutbanden abhängt? Im Vergleich zu den besitzgeilen Westdeutschen scheinen die Millionen Ausländer in diesem Land sich viel leichter mit der Notwendigkeit des Teilens abzufinden. Proteste und Verlustängste ihrerseits sind in ihren Foren und Medien kaum vernehmbar. Und das, obwohl sie permanent aus dem politischen Leben ausgegrenzt werden. Die deutschen Ausländer als Patrioten der deutschen Einheit? Welch eine Ironie des Schicksals.

Bleibt es in Diskussionen, in denen es um Konflikte zwischen den Kulturen und um das Wiedererstarken von Rassismus geht bei den Mustern der in Deutschland typischen Schuldzuweisungen, ist für endlose Debatten gesorgt, in denen immer wieder dieselbe Kommunikationssituation simuliert wird:

Die Beschuldigten wußten und wissen von nichts, die Ankläger sind sich ihrer moralischen Überlegenheit sicher. Sie fühlen sich geradezu befreit von den Mühen einer Selbstkritik, einer Entlarvung der Geschichte als Fallgrube von angehäuften Vorurteilen, mit denen die Aufklärung keineswegs aufgeräumt hat. Die Betrachtung der anderen als Projektionsfläche für die eigene Unschuld verhindert die Veränderung des eigenen Bewußtseins. Dieses bleibt jener ordentlich gepflegte Schrebergarten, an dessen Pforte ein uraltes Schild angeschlagen ist: »Unbefugten ist das Betreten verboten!«

Juni 1992

Was hat Waldsterben
mit multikultureller Gesellschaft zu tun?

Ähnlich wie es Michel Foucault für die Sexualität in den abendländischen Gesellschaften beschrieben hat, müßten der Diskurs über die Migration in Europa untersucht und die Diskurspraktiken herausgearbeitet werden. Ein redseliger Medienapparat kommentiert dieses Phänomen mittlerweile in inflationärer Art und Weise. Vielschichtigkeit und innere Widersprüchlichkeit von Begriffen gehen in zweifelhaften Vereinfachungen verloren. Die Annahme, daß es in der von Kommunikationsnetzen überzogenen Erde noch stehende, quasi immune Symbole geben könnte, über welche kulturelle Differenzen definiert werden, ist selbst in den Wissenschaften und erst recht in der öffentlichen Diskussion weit verbreitet. Dies führt dazu, daß in der laufenden Diskussion von Begriffen ausgegangen wird, die nicht in der Lage sind, die Komplexität der gesamten Situation, die Verschränkungen im einzelnen zu erfassen und auszudrücken. Eine archäologische Arbeit an Begriffen findet also nicht statt. Es ist die Rede von *Ausländern*, von *Einbürgerung*, von *Integration* und *Assimilation*, von der *zweiten Generation* usw. Doch all diese Begriffe drücken je nach Perspektive unterschiedliche Wirklichkeiten aus. Selbst wenn die Gesellschaft bereit wäre, sich als Einwanderungsgesellschaft zu begreifen, bleibt völlig offen, was sie von den Einwanderern fordert, was sie zu geben und zu nehmen bereit ist.

Heiner Geißlers Entwurf einer multikulturellen Gesellschaft, die von ökonomischen und demographischen Notwendigkeiten ausgeht und vom Begriff des Verfassungspatriotismus zusammengehalten wird, ist ein erster Schritt, der aktuellen Situation entgegenzukommen. Dabei geht auch Geißler nicht von einer aktuellen empirischen Analyse über den Bewußtseinsstand und die Symbolwelt der Einwanderer, sondern von statischen Bildern aus, mit denen die Mehrheitsgesellschaft den Fremden begegnet. Demnach lauschen die Türken eben der monotonen türkischen Musik, ziehen Lammfleisch dem Schweinefleisch vor. Und sie dürfen es auch.

Viele Fragen bleiben offen, weil der Sprecher nicht in der Lage ist, die verschiedenen Sprachen, d. h. Standpunkte und Interessen seiner Objekte und Adressaten mitzudenken. Sein Ausgangspunkt ist nicht das Interesse an der Kultur und Eigenheit der anderen, sondern die schlichte ökonomische Notwendigkeit, wonach Deutschland und Europa immer wieder neue Arbeitskräfte brauchen. Werden aber Zahlen und äußere Faktoren ausreichen, um eine Gesellschaft zu schaffen, die die Innenansichten und die Symbole der Beteiligten einander bekannt macht, miteinander in Berührung bringt und so neue Identitäten und Identifikationen an die Stelle der zerfallenden setzt?

Das Ende der sozialistischen Utopie und der Vereinigungsschnellgang in Deutschland haben die Illusion geschaffen, daß man mit der Sprache des 19. Jahrhunderts, mit Begriffen wie *Nation* und *Volk* aktuelle Vorgänge und Phänomene beschreiben kann. Für die durch die historischen Brüche aufgekommenen Emotionen und psychischen Strukturen, für die Unordnung der neuen Ordnungen fehlen Begriffe. Die gebrauchten sind aus dem Zusammenhang gerissen, Fassaden von Ruinen.

Der Begriff »Multikulturelle Gesellschaft« gehört in der öffentlichen Diskussion mehr noch als der Begriff »Waldsterben« in jenen Begriffsapparat, in dessen Kontext das Verstehen mit Verdrängen einhergeht. Während die Diskussion über das Problem des Waldsterbens in der Mitte der Gesellschaft ausgetragen wurde – denn es ging jeden unmittelbar an –, verläuft die Diskussion um die multikulturelle Gesellschaft an der Peripherie, ohne nennenswerten Einfluß auf die praktische Politik. Fremde sind, auch wenn das sozio-ökonomisch nicht immer zu begründen sein sollte, per se Randgruppen. Ihre Passivität und Machtlosigkeit sind eine Grundbedingung ihrer Existenz. Bei jedem Ausbruchsversuch aus ihrer Rolle begegnet ihnen nicht nur die Macht der Mitte, sondern auch der feste Wille jener Randgänger, am Rand zu bleiben, die wie Ausflügler aus der Mitte kommen, um eine Weile in die Tiefe zu blicken. Die Randgänger der Mitte leihen sich das Randgefühl von den Fremden. Diese sind ihre Lieferanten für DAS ANDERE und ihre Projektionsfläche für Sehnsüchte. Den Fremden wird es nicht gelingen auszubrechen, ohne sich grundsätzlich mit den Minderheitsbeschaffern aus der Mitte auseinanderzusetzen. Wenn an den Füßen die Ketten der Ablehnung sitzen, so sind es an den Händen die Ketten der Solidarität.

Die Mehrheit der Mitte möchte sich vom Rand absetzen, ihn abstoßen. Die Minderheit der Mitte will den Rand als Rand erhalten, die Ränder konservieren. In beiden Fällen spielen die Distanz und ihre Aufrechterhaltung eine wesentliche Rolle. Die Mehrheit der Mitte distanziert sich vom Rand. Die Minderheit der Mitte identifiziert sich mit der Distanz. Um jeden Preis ist alles Fremde zu erhalten. Schon das Verstehen des Fremden würde seinen Reiz mindern. Also gibt es kaum Anstrengungen, Verhaltensweisen zu hinterfragen und zu analysieren. Es existiert, was existiert quasi als Naturgesetz. Es war, was jetzt ist, immer so, und es wird, was jetzt ist, auch in der Zukunft immer so sein.

Jedes Verhältnis beruht auf Differenzen und Ähnlichkeiten. Wenn die Ähnlichkeiten hinter den Differenzen verschwinden, kippt ein dialogisches Verhältnis in Stigmatisierung des anderen um. Es gibt keine Sprache mehr miteinander, sondern übereinander. Die Fremden drücken sich nur noch in ihren Symbolen aus. Kopftücher, Beschneidungs- und Hochzeitsfeste, Talismane, Großfamilien, Schwiegermütter, Mannesehre, Brautpreis... Das Problem der Integration des Fremden wird zu einem Wahrnehmungsproblem. Fremd sind die als fremd Lokalisierbaren. Die Wahrnehmung des Fremden beruht somit auf einem verkrüppelten Begriff des Fremden, auf einem engen Muster, das nur Assimilierung oder Ghettoisierung kennt. In jedem Fall geht es darum, Berührungen zu vermeiden, die eine Veränderung auslösen könnten. Die Spannung zwischen dem Eigenen und Fremden muß um jeden Preis erhalten werden.

Die Mehrheit der Mitte und der Assimilierte, das Ghetto und die Minderheit der Mitte, sie sprechen ein und dieselbe Sprache, um sich zu distanzieren. Die Wirklichkeit aber ist synkretistisch. Es ist die Wirklichkeit der Mulatten, der Bastarde. Die Wirklichkeit ist tabu.

Wenn es um die lokalisierbaren Symbole des Fremden geht, spielt die andere Religion eine Schlüsselrolle. In den modernen Industriegesellschaften mit ihren ausdifferenzierten Rationalismen ist der Glaube eine Festung oder nichts. Der galoppierenden Veränderung der Außenwelt entspricht nur eine schleichende Veränderung in der Seele des Menschen, vielleicht auch nur ein Zerren einer nach allen Richtungen fliehenden Kraft an einem unbeweglichen Felsen. Die sprachlose Seele vor einem redseligen Außen zu retten, ist der Anspruch jeder modernen Religion. Das Christentum ist in der Umstellung auf die neuen Bedingungen am weitesten gekommen, weil es vom Säkularisierungsprozeß in Europa auch am stärksten gefordert worden ist. Der Islam dagegen transportiert noch diejenigen mythischen Elemente, die den modernen Menschen sowohl reizen als auch verunsichern. Diese Art des Glaubens kann nur im Ghetto existieren. Sie stigmatisiert die

Moderne als ein Werk des Teufels und wird von ihr als der in die tiefsten Schichten des Bewußtseins verdrängte dunkle, unerforschte Teil des Menschen wahrgenommen.

Es ist bemerkenswert, daß der islamische Glaube, der im Kern durchaus stark rationalistische Elemente besitzt, heute gerade in der Diaspora so irrational erscheint. Welche Rolle spielt die Stigmatisierung dieser Religion an ihrer Unbeweglichkeit? Ist es nicht so, daß die Bilder vom Islam als einer geschlossenen, fanatischen und bedrohlichen Kraft immer mehr alle Muslime, also auch die säkularisierten und die kritischen unter ihnen erfassen und in diese enge Feindperspektive einsperren?

Den Integralisten gefällt die Randlage. Sie brauchen die Stigmatisierung, um sich als ANDERE zu definieren. Sie haben sich aus dem Prozeß der Aufklärung, der Mündigkeit und Emanzipation der Menschheit ausgeklinkt. Die rationalistische, spätindustrielle Gesellschaft erinnert sie an eigene, ins Unterbewußtsein verdrängte rituell-mythischen Reste. In Anlehnung an Sigmund Freud folgerte Theodor W. Adorno in seiner Schrift *Elemente des Antisemitismus:* »Die von Zivilisation Geblendeten erfahren ihre eigenen tabuierten mimetischen Züge erst an manchen Gesten und Verhaltensweisen, die ihnen bei anderen begegnen, und als isolierte Reste, als beschämende Rudimente in der rationalisierten Umwelt auffallen. Was als Fremdes abstößt, ist nur allzu vertraut.« Es wird zu einer Projektionsfläche für Ängste und Sehnsüchte.

Unter diesem Aspekt erscheint die Bewahrung der jeweiligen kulturellen Identitäten, die die Grundlage einer multikulturellen Gesellschaft bilden sollen, unter einem ganz anderen Licht. Dem Druck der Assimilierung von seiten der Mehrheitsgesellschaft, entspricht von seiten der Minderheit ein Gegendruck der Konservierung, der meistens mit Begriffen wie *kulturelle Eigenständigkeit* und *Identität* umschrieben wird. In beiden Fällen gehen die

Beteiligten von der Illusion aus, ihre Identität sei ungebrochen und ohne weiteres voneinander zu unterscheiden. Der Muslim wird zum Fremden an sich. Die Minderheit stellt den potentiellen Feind in der Gesellschaft dar. Nicht ihre Anerkennung steht auf der Tagesordnung, sondern ihre Austreibung.

September 1991

3. Oktober 1991:
Totenköpfe auf der Karte Deutschlands

Auf der Karte Deutschlands werden Orte wieder markiert mit einer Flamme, einem Totenkopf. Ein knappes halbes Jahrhundert nach den Nazis breitet sich Gewalt gegen Fremde in Deutschland wie ein Flächenbrand aus.

Es wird wieder einmal deutlich: Die kritische Öffentlichkeit gerade in den demokratischen, pluralistischen Gesellschaften wird immer nur von einer Minderheit getragen, die sich immer wieder darum bemühen muß, durch ihr Sprechen, ihr öffentliches Räsonnement, ihre Einmischung die Mehrheit zu sensibilisieren und dadurch in den demokratischen Prozeß einzubinden.

Jedoch ohne eine gewisse soziale Sicherheit und wirtschaftlichen Wohlstand ist dies nirgendwo möglich, auch nicht in Europa.

Welch ein Unfug war es, die Umwälzungen in der DDR nur auf den Freiheitsdrang des deutschen Volkes zurückzuführen und die eigentlichen sozialen und wirtschaftlichen Gründe zu leugnen, wie quasi niedere Triebe. Als Stefan Heym eben dies kurz nach der Maueröffnung zum Ausdruck brachte, ging ein Aufschrei der Entrüstung durch die Republik.

Immer dann, wenn die kritische Öffentlichkeit ihr Minderheitendasein, ihre Außenseiterrolle vergißt und sich in dem Glauben wähnt, eins mit dem Volk zu sein, droht ein demokratisches System in autoritäre Strukturen und in den Zustand der Barbarei umzukippen.

Schon während der deutschen Vereinigung zeichnete sich der Bankrott der kritischen Öffentlichkeit ab. Das neue »größere« Deutschland ist über Nacht auf Fundamenten aus

Scherben errichtet worden. Kritische Stimmen, Gegenpositionen wurden einfach überhört, wenn nicht denunziert. Die intellektuelle Minderheit kehrte in den Schoß der Masse zurück. Aktion, Emotion und Spekulation obsiegten in der Politik über die Reflexion.

Der Abschied von ideologischen Standpunkten erweist sich heute zunehmend auch als Zusammenbruch theoretischer Reflexion, als tiefe Krise des intellektuellen Diskurses. Mittlerweile ist das theoretische Rüstzeug der Intellektuellen, allen voran der Schriftsteller, auf das Niveau des Generalsekretärs der Vereinten Nationen gesunken. Nicht wenige sind dem Gerede von der »neuen Weltordnung« aufgesessen.

Ist es nicht eine Torheit zu glauben, daß man den zivilisatorischen Verstrickungen der Menschheit, den Unwägbarkeiten menschlichen Denkens und Handelns, der Ungerechtigkeit der materiellen Verteilung auf der Erde mit solch leeren Formeln begegnen kann, die jeder nach eigenem Gutdünken füllt und leert?

Ist mit dem Zusammenbruch des sozialistischen Systems auch jede pragmatische Gesellschaftsanalyse, jede differenzierte Betrachtung von Zusammenhängen zum Untergang verurteilt?

Werden wir als Erklärungsmuster nur noch Pauschal-(vor)urteile und Irrationalismen heranziehen, wie solche vom »grausamen Orient« oder dem »häßlichen Deutschen«?

Die Politik in Deutschland verläßt zunehmend den intellektuellen Diskurs, um im Dickicht der Emotionen zu verschwinden. Da erscheint es opportuner, von »Asylantenschwemme« und »Ausländerproblem« zu sprechen, als von der Unterentwicklung ganzer Erdteile und der Notwendigkeit einer gerechteren Weltwirtschaftsordnung.

Wen wundert's da, wenn jetzt hochrangige Politiker, allen voran der Bundespräsident, der es sich sonst nicht nehmen läßt, das moralische Gewissen der Nation zu repräsentieren, sich so verhalten wie Kinder, die etwas ausgefressen haben und sich im Gebüsch verkriechen.

Die Passivität der politisch Verantwortlichen ließe sich aber ebenso als perfide Strategie deuten – zumal sie auch noch durch jahrelange Tatenlosigkeit in Sachen Einwandererpolitik verstärkt wurde (man denke bloß an die entwürdigenden Umstände des Rücktritts der sogenannten Ausländerbeauftragten Funcke im Sommer) –, durch die hinter der demokratisch-toleranten Fassade des Grundgesetzes eine Atmosphäre der Unsicherheit für die ausländische Bevölkerung in Deutschland geschaffen werden soll:

Abschreckung für die, die kommen wollen, Anlaß für die, die mit dem Gedanken spielen zu gehen. Eine Art der Deportation durch Stimmungsmache also?

Es wird eine Atmosphäre geschaffen, in der die reale Situation der Bedrohung und der Angst gegenüber den theoretischen Sicherheiten des Gesetzes und des Rechtsstaats überhand gewinnt.

Soll vielleicht nicht nur Hoyerswerda, sollen vielleicht weite Teile Deutschlands »ausländerfrei« gemacht werden?

Zumal einige Millionen Deutschstämmige im Ausland, die das Deutsche vielleicht nicht mehr auf der Zunge und im Kopf, um so mehr aber im Blut und im Bauch haben, ein besseres Potential für den demographischen Bedarf an Einwanderern abgeben, als Afrikaner und Asiaten.

Viele der sogenannten Ausländer in Deutschland, vor allem aber die in Deutschland aufgewachsene junge Generation, wird sich zunehmend Fragen stellen: Ob es überhaupt möglich ist, in Deutschland einzuwandern, das heißt, dort anzukommen, wo man ist. Oder ob es vielleicht sinnvoller wäre, einen international geschützten Minderheitenstatus anzustreben.

Die Anspannung ist groß, denn die Zeit war zu kurz, um jenen mit Zynismus angereicherten Masochismus der Minderheit zu entwickeln, um die Dornen, auf die man sich gebettet hat, schätzen zu können.

Nicht wenige werden in der Gegengewalt oder der Abschottung die jeweils einzige Möglichkeit der Selbstbehauptung sehen. Die wuchernde und palavernde Diskussion um eine multikulturelle Gesellschaft wirkt angesichts der Dürftigkeit realer Schritte in Richtung Integration immer grotesker und weltferner.

Im Diskurs der deutschen Politik erscheinen Wohnungsnot und Arbeitslosigkeit inzwischen nicht mehr als hausgemachte sozio-ökonomische Probleme, sondern als Probleme, die durch die ins Land drängenden Ausländer geschaffen werden. Pragmatische, auf Analyse basierende und rational fundierte Überlegungen – wie die von Heiner Geißler in Fragen der notwendigen Integration von Ausländern – werden in dieser Zeit der Demagogen an den Rand gedrängt.

Angesichts von Millionen von Flüchtlingen auf der Welt ist die Zahl der Asylbewerber in Deutschland verschwindend gering. Die Schmerzgrenze der Deutschen aber scheint unter der Frostgrenze zu liegen. Schande? Scham? Das sind nicht die richtigen Worte. Gefordert sind nicht nur verbale Äußerungen, scharfe Kommentare und Entrüstung, sondern eine Verurteilung der Bundesrepublik Deutschland auf internationaler Ebene, Kritik und Einmischung der Nachbarn, der Kreditgeber der deutschen Vereinigung. Oder haben die Nachbarn Deutschlands einen Blankoscheck unterschrieben?

Wer heute nicht erkennt, daß die innenpolitische Entwicklung in Deutschland bereits ein Jahr nach der Vereinigung den europäischen Einigungsprozeß gefährdet, wird seine Blindheit später teuer bezahlen müssen. Es hilft da nichts, den Versuch zu unternehmen, wie es Giscard d'Estaing in seinem Artikel im *Figaro-Magazine* neulich versucht hat, den Franzosen in Staatsangehörigkeitsfragen die Übernahme des deutschen *jus sanguinem* nahezulegen, und damit die deutsche Xenophobie zum französischen oder vielleicht gar zum europäischen Prinzip zu erheben. Anders als der Patriotismus der anderen europäischen Nationen mit langen Demokratie- und Nationalstaatserfahrungen ist das deutsche Nationalgefühl eine Mumie, die heute entblättert wird und deren wirkliche Gestalt sich noch herausstellen muß.

Die Europäer, die heute Solidarität mit den Deutschen empfinden, wenn es um Abschottung nach außen geht, also von Afrika und Asien, aber auch von der Mittelmeerregion, der eigentlichen Wiege europäischer Kultur, dürfen morgen nicht überrascht sein, wenn die deutsche Fremdenfeindlichkeit sich auch gegen sie selbst kehrt und grenzüberschreitender wirkt, als jede Theorie über europäische Einheit.

Vor allem in Westdeutschland müßte Abschied genommen werden von der Illusion, daß vierzig Jahre Erfahrung mit Demokratie und Pluralismus ein Zaubertrank sind, der einen gegen die Bazillen der Vergangenheit auf Ewigkeit feit.

Vierzig Jahre sind historisch betrachtet nur ein Augenblick. Deutschland steht heute mit einem Bein weiterhin in seiner dunklen Geschichte, die schon jetzt begonnen hat, an dem anderen befreiten Bein zu zerren. In diesem Sinne ist es weiterhin ein geteiltes Land. Die Frage, die für die nächste Zukunft ansteht, ist, ob und auf welchem Boden Deutschland sein Gleichgewicht wieder finden wird.

Die Insel

Ein Reisebericht

Wo hatte Hauptmann seinen Zettelkasten vergraben? Diese Frage beschäftigte mich, als ich auf die Insel fuhr. Ich wußte, daß der Alte – man kennt ihn wegen seiner Photos fast nur als alten Mann, obwohl er bereits in jungen Jahren zu Weltruhm kam – nicht nur seine Sommer, sondern auch sein Lebensende hier verbracht hatte.

Von Berlin aus fährt man drei Stunden mit dem Zug. Eine Zeitspanne, die man mindestens braucht, um von der von allen Seiten aus bedrängten Stadt Abschied zu nehmen und ein Verhältnis zu der spröden Ruhe zu finden, die den Landschaften des Nordens eigen ist, und deren asketische Züge die intensivsten Paare auseinandertreiben kann.

Die an einem Samstagmittag halb verschlafen, halb geschäftig wirkende Stadt an der Ostsee, die der Zug anfährt, ist noch nicht die Endstation. Sie haben Glück, wenn Sie an einem Samstagnachmittag ankommen und die Straßen schon leer sind. Es regnet. Spuren von geschäftigem Treiben, die ab und zu den Kopf durch die Wolken streckende Sonne, der aus der Ferne lärmende Betrieb von Gaststätten und der Vorstadtlunapark wirken in der tristen Atmosphäre unfreiwillig komisch.

Vollkommen gelungen scheint die Anreise zu sein, wenn man die eigene Grundstimmung in der unentschiedenen Tristesse der Stadt wiedererkennt, die jede noch so kleine Abwechslung als Störung der öffentlichen Ordnung, des friedlichen Zusammenlebens der Völker und des Familienglücks entschieden zurückweisen wird.

Die Stadt strahlt eine Unwirklichkeit aus, die jeden Moment in Aggressivität umschlagen kann. In einem Schaufenster liegen Bildbände und Heimatliteratur, in einem anderen Sprachlehrbücher, Lexika. Eine Buchreihe mit dem Titel: *Wie funktioniert das?* Nachschlagen um wegzukommen, dabei mit beiden Beinen auf der vertrauten Erde stehen. Träumen in Stichworten.

Um die Insel zu erreichen, an deren Küsten die Kinder noch heute nach Bernstein graben – um dieses Steines willen versuchten in vergangenen Jahrhunderten Patrizier und Vertreter des aufsteigenden Bürgertums meist vergeblich ihr Glück, indem sie die Insel samt aller lebenden Seelen und leblosen, beweglichen und unbeweglichen Güter erwarben – um diese Insel zu erreichen, muß man die Fahrt mit einer Fähre fortsetzen.

Die Menschen, die man antrifft oder verläßt, warten. Die Bewohner der Insel warten auf die Veränderung, die das Festland längst ergriffen hat. Aber oft brauchen Ideen länger als Menschen, um eine bestimmte Strecke zurückzulegen.

Dennoch – es ist angerichtet. Die Reisenden, die kommen, erwarten ein paar schöne Tage in der Vergangenheit. Ein paar Jahre zurück, und man errichtet schon Schlösser in der Erinnerung, Wagenburgen der Zeit, die sich hartnäckig gegen alles Schnellebige und Flüchtige behaupten.

Jeder Eindringling wird mißtrauisch gemustert. Und bei unerwarteten oder als aufdringlich aufgefaßten Fragen werden Fenster und Türen zugemacht und verriegelt. Keiner da, heißt es.

Vom Landesteg aus gehen alle rückwärts. Die Lerchen trällern. Der Blick erforscht den Nachbarn. Während die Reisenden vom Landesteg aus rückwärts gehen, um sich unter die abgelegten Leben der Toten zu mischen – nur so erreichen sie als Fremder das Dorf, laufen sie, die Inselbewohner, vorwärts, laufen ihren Leben voraus, mit Blicken, die in die Zukunft gerichtet sind. Sie laden ihre Gedanken und Träume auf Drachen, die sie hochsteigen lassen entlang den Hauptwegen der Insel.

Jeder hier kann trällern. Man ist stolz darauf, von Vögeln abzustammen. Auch heute noch ist jeder etwas an Skorbut erkrankt.

Auch heute noch hat jeder einen Zettel von Hauptmann, ein paar Bernsteine in einer Dose im Küchenschrank und eine laufende Liebesaffäre.

Wo liegt Hauptmanns Zettelkasten begraben? Ist der ganze Ort ein einziges Museum? Ein Luftschloß verdrängter Gedanken?

Den Weg zu den Toten kennen nur schwarze Katzen. Und sie lassen sich nicht auf den Arm nehmen. Mochte Hauptmann Katzen?

Der Kapitalismus ist das Dessert des Sozialismus, sagt der Fahrradverleiher. Dabei wollte man nur sein Rad zurückgeben. Keineswegs irgend etwas reklamieren, ein fehlendes Teil, eine kaputte Bremse, nicht funktionierendes Licht oder etwas ähnliches.

Demnach war der Faschismus die Vorspeise zum Hauptgericht – vierzig Jahre saßen die Brüder und Schwestern am Tisch und keiner wurde richtig satt, sie sparten sich ihren Hunger an, der sich irgendwann einmal in Aggression verwandeln mußte. Jetzt ist es geschafft. Das Dessert wird aufgetragen. Apfeltorte mit Himbeeren.

An jedem Morgen wacht man mit Kopfweh auf. Es ist, als hätte einem der Wind alle Zähne gezogen. Man liegt, am ganzen Körper zitternd, im Bett. Langsam lernt man wieder hören, die Sprosser von den Lerchen zu unterscheiden. Langsam lernt man auch wieder riechen. Salz. Salz in der Lunge aktiviert das Gedächtnis. Es fallen einem wieder ein: die entgegengesetzten Richtungen der Vorwärts- und Rückwärtslaufenden. Vielleicht hat man schon am ersten Morgen die entscheidende Frage gestellt oder sie für die Rückfahrt aufgehoben. Wieso begegnen sich die Vorwärts- und Rückwärtslaufenden nicht irgendwo? Sie laufen doch alle im Kreis, also in dieselbe Richtung.

Der Rat der Gemeinde läßt ein frischangekommenes Fax am Tor des Gemeindehauses anbringen. Darin schlägt Genosse Hauptmann zur Lösung aller Menschheits- und Zukunftsfragen folgendes vor: Die Insel wird Freihandelszone. Darunter ist folgendes zu verstehen; bewohnt werden darf die Insel von nun an nur von Leuten, die etwas vom Sozialismus verstehen, unter anderem Autoren mit mindestens einer Buchveröffentlichung, Maler, die sich selbst so porträtieren können, daß sie ein Normalbenzinmensch ohne Phantasie wiedererkennen kann, außerdem Autofahrer, die im Dauerkonflikt mit dem technischen Überwachungsverein stehen. Um die in Frage kommenden Bevölkerungsgruppen – denn als Einzelwesen existieren sie nicht –, um alle auf der Insel unterbringen zu können, um alle Aufnahmeanträge positiv bescheiden zu können, müssen die Bewohner der Insel ausgesiedelt werden. Lösungsvorschlag: Man animiert sie vom Westen her, Ausreiseanträge zu stellen.

Man fordert sie auf, Wege einzuschlagen, die die Begegnung mit den Ankommenden vermeiden, Wege der schwarzen Katze, Wege zu den Verstorbenen und Ausgetretenen (Schuhe und Parteimitglieder), Wege, die den, der sie begeht, in zwei Teile spalten (oder verdoppeln, je nach Perspektive), ein Teil strebt vorwärts, der andere rückwärts, einer kommt mit vollem Magen vom Mahl, in den Zähnen stochernd, der andere ist eine Lücke seiner selbst zwischen gedeckten und abgeräumten Tischen, ein herrenloser Hund. Gruppen lösen sich auf, Paare spalten sich, Einzelne verlieren ihre Gedanken und Träume. Alle suchen den von den Lieferwagen der Kaufhallen noch nicht verstopften Weg, jenseits der Hauptverkehrsadern. Führt er in die Zukunft oder in die Vergangenheit? Den Weg weisen nur die hie und da an Laternen und dicke Baumstämme gelehnten Betrunkenen. Vor großen Hotels werden in Baracken eilig Bars eingerichtet. Schnappschüsse. Alle Farben wirken zwanghaft fröhlich, als hätten sie etwas zu verbergen.

Die rückwärts gehenden Reisenden haben jetzt längere Wege. Die Inselbewohner dagegen brauchen kaum vors Haus zu treten, um vorwärtszukommen. Die Zukunft eilt ihnen entgegen.

Man wird einander nicht begegnen. Auf der große Bühne, die über dem Hafen errichtet wird, spielen Bands aller Jahrzehnte, Jazz, Blues, Beatles, Hard Rock und No-Future-Imitationen mit dem Namen Zentralkomitee, es treten Showmaster aller Fernsehgenerationen auf, wie in einem Wettbewerb, alles Verpaßte im Zeitraffer abzuspulen. Man bewegt sich Schulter an Schulter ohne sich zu berühren. Die Schultern sind gepolstert. Jeder ist in sich. Irgendein Schluchzen wird nicht mehr hörbar sein und auch kein Trällern.

Im ablegenden Dampfer sitzen alte Herrschaften und verbergen ihre Gesichter hinter Zeitungen, Handtaschen und Taschentüchern.

Alles sei nur ein Komplott der Gäste gewesen, heißt es. Sie hätten sich nachts auf den Bäumen mit Taschenlampen geheime Zeichen gegeben. Sie hätten die Zettel Hauptmanns ausgegraben. Sie wären der schwarzen Katze nachgegangen. Einen langen Weg durch die Finsternis, bis zum höchsten Punkt, von wo aus der Abstieg beginnt.

Woran erkennt man in solcher Zeit die Zugehörigkeit? An den Kaffeetassen? An der Marke der Kaffeesahne? An der Schokolade? Haar- und Augenfarbe waren es einmal, und die Nasenform. Die Länge der befestigten Straßen, die Zahl der elektrifizierten Dörfer.

Denken Sie an Habsburg, an den Reichsadler, an die Kirche, an den Glauben, an die unbefleckte Empfängnis, an Ikarus, an die Brüder Wright und an den Sozialismus, der von allen etwas geerbt hatte, ohne etwas Neues zu gebären. Alles, was zu Ende geht, hat etwas Obszönes an sich, wie ein Messer, das in einer Scheide verschwindet. Die Zeremonie der Tarnung heißt Melancholie. Das Ende ist schon längst abgemacht, es muß dennoch jedesmal zu einer überraschenden Wende, zu einem unerwarteten Einbruch kommen. Das Ende darf keine Folge sein. Am Ende muß jeder Glaube an einer Entwicklung scheitern.

Es tut sich auf, ein Riß, eine Kluft, ein Abgrund. Das andere Ufer wird unerreichbar. Lautlos vermischen sich die Trauer über das Verlorene und die Freude über das Erwartete, auf einem grobgerasterten Hintergrund, einem historischen Platz, der zu einem imaginären Ort geworden ist, als gingen sie eine komplizierte, lang ersehnte und streng untersagte Beziehung ein.

August 1991

Kultur und Nation –
Deutsche Hypotheken

Die fünfzehn Prozent der Bevölkerung, die bei den Land-
tagswahlen in Baden-Württemberg einer rechtsradikalen
Partei ihre Stimme gegeben haben, sind keine Rechtsradikalen, heißt es in den Bewertungen. Es seien gewöhnliche
Bürger, die mit ihrer Stimme Protest ausdrücken wollten.
So werden die rechtsradikalen Parteien als Parteien der
sogenannten Protestwähler definiert und durch die Betonung der plausiblen Gründe, diese zu wählen, in ihrer
Bedeutung neutralisiert. Doch waren denn die Wähler der
NSDAP, fast vierzig Prozent bei den letzten freien Wahlen
1932, etwa Extremisten? Waren sie nicht vielmehr ganz
gewöhnliche, brave deutsche Bürger, süchtig nach Stabili-
tät und Ordnung? So wie manch einer heute, der meint,
nicht mehr in Ruhe im eigenen Garten sitzen zu können,
weil dieser an ein Flüchtlingsheim grenzt?

In Deutschland muß der Rechtsradikale immer ein Son-
derling sein, mit einer Glatze herumlaufen oder einen
Knüppel in der Tasche tragen. Einen hohen Anteil an der
Entstehung dieser Fehleinschätzung hat nicht zuletzt das
feierliche Ritual der deutschen Vergangenheitsbewältigung.
Sie hat den Nazismus aus der Kontinuität der deutschen
Geschichte herausgerissen und zu einem einmaligen und
mysteriösen Phänomen verklärt.

Das Wiedererstarken des Nationalismus nur mit Arbeitslosigkeit, Wohnungsnot, sozialer Verunsicherung und Ver-
trauensverlust in die Politik zu erklären, greift zu kurz. Ab
und zu lohnt es sich, nicht nur in den Geldbeutel der
Leute zu schauen, sondern auch in die Köpfe. Radikaler
Nationalismus und Rassismus sind in Europa und allen

voran in Deutschland nicht nur Ideologien der Negation, die den Menschen als Schale des Protests dienen. Sie bieten durchaus Identifikationsmöglichkeiten in historischer Kontinuität an. Familie, Sprache, Heimat, Werte, die aufgrund der emanzipatorischen Entwicklungen in den pluralistischen Demokratien an Bedeutung verloren haben, werden durch diese Ideologien wieder aufgewertet. Bei der Motivation Rechtsaußen zu wählen, kommt zur sozialen »Protest« komponente noch die Komponente kulturelle Identität.

Norbert Elias hat in seinen Arbeiten immer wieder darauf hingewiesen, daß die verspätete deutsche Nation besonders anfällig für nationalistische Abkapselung ist. In Deutschland entwickelte sich das Bürgertum durch Besinnung auf sich selbst. Deutsche Kultur wurde zur Landkarte der bürgerlichen deutschen Identität, mit eindeutigen Grenzen gegenüber den Nachbarn, besonders nach Frankreich hin. Diese historischen Bedingungen sind unerläßlich beim Versuch, die deutsche Blut-und-Boden-Mentalität zu verstehen. Das deutsche Verständnis von Kultur erleichtert es keineswegs, Deutschland als Einwanderungsland und Experimentierfeld multikultureller Gesellschaft zu definieren, im Gegensatz zum französischen Begriff der *Zivilisation*, der nicht nur einen nationalen, sondern auch einen kosmopolitischen Anspruch hat. Diese hier nur angerissenen Bedingungen erklären auch den Umstand, warum es in Deutschland so schwierig ist, die Kunst und Kultur der hier lebenden Minderheiten in die deutsche Kulturlandschaft zu integrieren. Deutsche Kultur absorbiert nur dann, wenn sie das Fremde einschmelzen kann. Fremdkörper werden als Stachel im Fleisch wahrgenommen und nicht geduldet.

Wieviel Fremdes können wir ertragen, fragt sich die deutsche Bevölkerung. Dabei setzen Politiker fast aller Parteien, allen voran natürlich die Konservativen, keineswegs nur die Rechtsradikalen, die Meßlatte so niedrig wie möglich. Es wird bei jeder Gelegenheit davon gesprochen, daß das deutsche Boot voll und die Schmerzgrenze erreicht sei. Auch die »durchrasste« Gesellschaft wird als Schrekkensvision an die Wand gemalt. Das deutsche Volk soll nicht überfordert werden. Es geht nicht nur um Sozialleistungen an Fremde, sondern um den Anblick auf der Straße, um die Qual, in der Straßenbahn fremde Menschen miteinander sprechen zu hören, ohne sie zu verstehen. Es geht um Minarette in Wohnvierteln, um Frauen, die Kopftücher tragen und das Erscheinungsbild deutscher Städte und Straßen verändern. Die Integrationsfrage der Ausländer wird immer mehr dahingehend gestellt, wie Deutschland trotz einer Minderheit von fünf Millionen Fremden »deutsch« bleiben kann.

Der europaweite Zuwachs rechtsradikaler und nationalistischer Bewegungen ist keine Angelegenheit von Randgruppen, sondern eine Kernfrage europäischer Identität. Seit der Herausbildung moderner Gesellschaftssysteme und spätestens seit dem Beginn der Gründung von Nationalstaaten findet in Europa eine Auseinandersetzung zwischen global orientierten, kosmopolitischen und national orientierten, fremdenfeindlichen Identitätsmustern statt.

Dabei gehen beide Identitätsmuster von der eigenen Überlegenheit und der notwendigen Unterwerfung der anderen aus. Beide Identitätsmuster sind zugleich Machtstrategien, das heißt, die Identität steht und fällt mit der Macht. Die erstere, kosmopolitische Version bildete den Kolonialismus heraus, wie er z. B. von Frankreich, England und den Niederlanden praktiziert wurde. Die letztere Version drückte sich im Faschismus deutscher Prägung aus. Während in einem Fall das Fremde väterlich-fürsorglich und erdrückend umarmt wurde, sperrten die anderen es aus oder in geschlossenen Räumen, Konzentrationslagern ein. Es ist daher nicht verwunderlich, daß es in Deutschland besonders schwer fällt, die ökonomisch und sozial notwendige und auch kulturell bereichernde Einwanderung positiv darzustellen und ins Bewußtsein der Einheimischen hinein zu vermitteln. Deutsche Identität wird angesichts der Auflösung der Grenzen und der Zuwanderung von Fremden beherrscht vom Gefühl der Ohnmacht und des Verlusts. Die Deutschen sind keineswegs fremdenfeindlich solange die Fremden im Ausland sind. Die Aversionen richten sich in erster Linie gegen die Fremden im eigenen Land, denn sie dringen ein in den quasi sakralen Raum deutscher Kultur. Die deutsche Wohnstube ist gefährdet, denn plötzlich könnte ein Araber als der Liebhaber der Tochter auf dem Sofa vor dem Fernseher Platz nehmen. Autoren, deren Väter aus Anatolien stammen, könnten sich in die deutsche Sprache und Literatur einschleichen.

Deutsche Nation definiert sich noch heute durch deutsches Blut. Nicht wenige deutsche Intellektuelle stehen ihrem Selbstverständnis nach in der Kontinuität eines deutschen Kulturbegriffs, dessen xenophobischen oder xenophilen Ausrichtungen die Kommunikation mit den »Fremden« erschweren, wenn nicht ausschließen.

Glücklicherweise fehlt in Deutschland bis jetzt eine dominierende Führerpersönlichkeit am rechten Rand, die die vielen Splittergruppen zu einen imstande ist und damit auch das volle Potential, daß auf ein Drittel der Bevölkerung geschätzt wird, voll ausschöpfen kann. Doch das muß nicht immer so bleiben. Schon jetzt können rechtsradikale Parteien auch das sozialdemokratische Wählerpotential erfolgreich erreichen.

Es ist an der Zeit, alle Begriffe, die mit dem Nationalsozialismus zu tun haben, zu entmystifizieren. Dabei wird auch deutlich werden, daß Deutschland weiterhin ein von seiner Geschichte schwer gezeichnetes Land ist. Nach der Niederlage und der Teilung entstand eine west- und eine ostdeutsche Weise, die eigene Geschichte zu negieren. Auf der einen Seite diente das Wirtschaftswunder, auf der anderen die richtige antifaschistische Gesinnung als Lack bzw. Salbe gegen die Wunden des Faschismus und des Krieges. Nach der Wiedervereinigung hat der Lack im Westen an Glanz verloren, die Salbe im Osten ist gänzlich wirkungslos. So beginnen die Wunden wieder zu schmerzen, rufen im Kollektivbewußtsein der Deutschen die verdrängten Geister wach. Doch es fehlt eine Sprache der Erinnerung mit Heilkraft, die die Wunden besprechen könnte.

Die Umgebungskarte von Berlin liest sich wie ein Nachschlagewerk zur Geschichte der deutschen Literatur: Stechlin, Buckow, Rheinsberg, erinnern an Fontane, Brecht und Tucholsky. Dann wieder Namen, die nichts audrücken als Sprachlosigkeit, Beklommenheit: Sachsenhausen, Ravensbrück. Wie kann »Auschwitz« von der Gedenkstätte und dem sprachlichen Allgemeinplatz, den es heute darstellt, wieder in jenen Ort zurückverwandelt werden, der das Gelände des Schreckens repräsentiert, die Erinnerung an den von einem verbrecherischen Regime an Tausenden von Menschen verübten Mord? In jenen Ort, an dem sich deutsche Kultur gewaltsam von der Zivilisation der Menschheit verabschiedete, um auf der ganzen Welt einzigartig zu sein. Dort, wo das Töten organisiert und kultiviert wurde und aus den Deutschen kultivierte Barbaren wurden, paßte Beethovens Musik zur Vergasung. Heute stellt der Begriff »Nazi« nur noch eine Metapher vom Range eines Schimpfwortes dar, ohne einen Bezug zu der dahinterstehenden Ideologie.

Der Nationalsozialismus müßte aus der unverbindlich-abstrakten Ebene von Gedenkreden, den halbdunklen Kellern des Gewissens herausgeholt und wieder in die deutsche Geschichte eingefügt werden. Denn nur in der Kontinuität der deutschen Geschichte lassen sich die Bedingungen seiner Entstehung analysieren und vorbeugend bekämpfen.

Ohne jede Illusion muß allerdings davon ausgegangen werden, daß ein beträchtlicher Teil der Bevölkerung in ganz

Europa vor Gewalt nicht zurückschreckt, wenn es um die Verteidigung von Interessen jeglicher Art geht, und sei es nur um den erreichten Wohlstand, selbst wenn dazu Gefahren abgewehrt werden müssen, die eingebildet sind.

Die Aufklärung in Europa ist ein unvollendetes Projekt geblieben. Und europäische Intellektuelle haben heute weniger denn je Anlaß, mit dem Finger auf andere Kulturen zu zeigen, wenn es um ein Exempel an Gewalt und Unterdrükkung geht.

April 1992

Die fehlenden Jahre der Deutschen

Bis zur Wiedervereinigung waren die Deutschen ein in der Geschichte verschwundenes Volk. Vergangenheitsbewätigung war nicht nur eine deutsche Vokabel, sie war auch ein Identitätsmuster, das alles Handeln der Gegenwart auf die Vergangenheit bezog und somit auf eine fast unwirkliche Ebene stellte. Die deutsche Geschichte drängte sich jedem auf, selbst dem Besucher, der nur den Augenblick genießen wollte.

Was hat nun der Tag X, der Fall der Mauer zwischen den Deutschen gebracht, mit dem zu diesem Zeitpunkt kaum einer gerechnet hatte.

Zunächst einmal wirkte es so, als würde man die Schatten der Vergangenheit abschütteln und sich der Zukunft, dem Zusammenwachsen der beiden Staaten widmen. Doch geriet die Einheit schnell zu einer Notoperation, aus dem Zusammenschluß wurde ein Anschluß, die Ansätze eines neuen Risses wurden sichtbar, ein um so schmerzlicherer Riß, da nun die »verbindende« Mauer fehlte.

Mit dem Fall der Mauer entdeckten die Deutschen nicht die Gegenwart, wie sie es sich gewünscht hatten, vielmehr wurde die deutsche Geschichte um die DDR-Komponente erweitert. So weit, daß der Maulwurf aus ihren Gängen nicht mehr herauskommt.

Die deutsche Identität speist sich weiterhin aus Negativem und ihren Negationen. Sie spielt sich zwischen Auschwitz und der Mauer ab. Die deutsche Vergangenheit ist längst zu einer Art Fiktion für die nicht bewußt erlebte Gegenwart geworden, ein Projekt, in dem das Erinnern, einem Schattenspiel gleich, ohne eine Verkörperung in der Wirklichkeit auskommt.

Die 1983 vom Magazin *Stern* als echt präsentierten Hitlertagebücher, die die Nation für einige Wochen in Atem hielten, bis sie als Fälschung enttarnt wurden, stellen ein Sinnbild der deutschen »Vergangenheitsbewältigung« dar. Die deutsche Geschichte wartet darauf, neu geschrieben zu werden, ja sie ist ein Scheintoter, der jeden Augenblick die Augen aufschlagen und selbst das Wort ergreifen wird. Die Phase zwischen 1933–1945 wird immer noch als ein, durch Rituale des Erinnerns zu füllendes Loch entlarvt, statt in der Kontinuität der deutschen und der europäischen Geschichte begriffen zu werden. So wird eine traumatische Identität gebildet, die die Gegenwart permanent abschafft, um in der Vergangenheit eine Schlachtbank der Zeit zu errichten. Wie die Opfer werden auch die Täter funktionalisiert, sie gehen im Guten, wie im Bösen auf und verschwenden ihr Wesen an die psychischen Bedürfnisse eines in der Vergangenheit verhafteten, die Gegenwart scheuenden Volkes. Immer wieder wollen die Deutschen die »fehlenden« zwölf Jahre ihrer Geschichte nachsitzen. Sie wollen zurück haben, was ihnen genommen worden ist, los werden, was ihnen aufgebürdet wurde.

Die ungeklärte Gegenwart macht die Fortsetzung der deutschen Geschichte ungewiß. Immer, wenn die Dimensionen der Zeit ins Wanken geraten, wird auch die Identität aus ihren Angeln gehoben.

Die Deutschen nehmen sich zunehmend in jenem Vakuum wahr, das sie seit der Kapitulation des »Dritten Reiches« zu füllen versuchen. Sie schwanken auf unsicherem Boden und suchen nach den fehlenden Jahren. Ihre Vergangenheit jedoch trübt die Sicht wie Nebel. Biographien werden austauschbar. Gesichter verschwinden in Massen. Die Masse ist eine Maske der Körper. Sie lebt in Deutschland nicht in der Gegenwart, bewegt sich nicht in die Zukunft, sondern verharrt in der Vergangenheit, erstarrt genau in jenem Moment, in dem der Film riß. Seitdem bestimmt der Schatten die Größe des Körpers.

April 1992

Wann ist der Fremde zu Hause?

Betrachtungen zur Kunst und Kultur von Minderheiten in Deutschland

Vor kurzem fragte mich die Redakteurin einer Münchener Kulturzeitschrift im Anschluß an eine Diskussionsveranstaltung, auf der es um Schreiben zwischen zwei Sprachen ging, ob die in letzter Zeit verstärkt auftretenden fremdenfeindlichen Ausschreitungen in Deutschland eine Wirkung auf die Tatsache gehabt hätten, daß ich meine Gedichte, Erzählungen und Essays auf deutsch schreibe.

Diese Frage erscheint mir symptomatisch für die Einstellung der deutschen Kulturszene gegenüber einer in Deutschland entstehenden Kunst von Einwanderern, bei der man von einer wie auch immer gearteten Möglichkeit des »Zurück in die Heimat« ausgeht: etwa, daß der Autor der zweiten oder dritten Generation von Einwanderern noch vor der Möglichkeit steht, zwischen »Muttersprache« und »Fremdsprache« wählen zu können, daß er, um seinen Protest in bezug auf die Verhältnisse in der Gegenwart auszudrücken, auf die Sprache der Vergangenheit zurückgreift. Gleichzeitig trifft die Frage den Adressaten an einem wunden Punkt, seinen Ängsten: sich aus Trotz zurückzuziehen, in Selbstmitleid zu verfallen.

1991 war das dreißigste Jahr der Anwerbung von türkischen »Gastarbeitern« in Deutschland, der mit Abstand zahlenstärksten Minderheit in Deutschland. Für die einen war diese Zeitspanne lang genug, um in der Stadt Essen die Gründung eines Dokumentationszentrums und Museums über die Migration aus der Türkei zu planen. Für die anderen ist es noch zu früh, um die Früchte kultureller Aktivitäten von Einwanderern in Deutschland zu ernten.

Das dreißigste Jahr erscheint manchem wie eine alptraumhaft verlängerte erste Stunde. Steckt nicht vieles noch in Kinderschuhen? Wo sind die Schriftsteller der Einwanderer, die sich mit Nachdruck in aktuelle »deutsche« Diskussionen einschalten, Theater, die von sich reden machen, Radio und Fernsehanstalten, Kulturzeitschriften, kulturelle Institutionen, Stiftungen?

Wo bleibt eine unruhige, junge Generation, die, ähnlich wie die Beurs in Frankreich, selbstbewußt die Stimme erhebt?

Im dreißigsten Jahr der Migration wird die Regierung in Deutschland nicht müde zu betonen, daß Deutschland kein Einwanderungsland ist. Rhetorik angesichts von fünf Millionen Einwanderern, die ihr Leben hier eingerichtet haben, aber durchaus mit Folgen nicht nur politischer, sondern auch kultureller Art. Selbst heute noch fällt es den Einwanderern und ihren Kindern schwer, den euphemistischen Begriff »Gastarbeiter« von sich zu weisen und bei sich und in der Gesellschaft Denkprozesse und Strukturen einzuleiten, die von vollzogener Einwanderung und endgültiger Niederlassung zeugen, die zu einer neuen Identität in der »Fremde« führen, damit sich der Fremde zuhause fühlen kann.

Wenn es um die Unterdrückung politischer Rechte der Einwanderer geht, steht die deutsche Politik zurecht am Pranger. Wenn es um Übergriffe auf Leben und Eigentum von Fremden geht, sind vor allem die Verlierer der deutschen Wohlstandsgesellschaft die Täter. Ausländerhaß geht durch den Magen.

Doch betrachtet man die mangelhafte Rezeption der Kunst von Einwanderern durch deutsche Medien, dann fällt auf, daß die deutsche kulturelle Szene ein Spiegelbild der politischen ist, wenn es darum geht, die Anwesenheit von Einwanderern in Deutschland zu ignorieren. In dieser Szene haben sich Inseln gebildet, von denen aus manche, wenige Kulturvermittler quasi als Botschafter mit den ausländischen Künstlern, die sich am Rande der Kulturszene befinden, verkehren. Hier ein Professor, dort ein Kritiker, hier und da einige Kleinverleger, alle im schönen Gefühl, durch die Entdeckung multikulturellen Lebens etwas Avantgardistisches zu tun.

Im deutsch-deutschen Literaturstreit um die Rolle der Intellektuellen und Schriftsteller in der ehemaligen DDR aber, d. h. dann, wenn sich die künstlerische Intelligenz des Landes streitet, sind ausländische Kulturschaffende ebensowenig gefragt, wie wenn es um existentielle Fragen wie deutsche Einheit oder um Fragen des Lebensstils und des Zeitgeistes geht.

Wenn es das Blutrecht der deutschen Verfassung ist, das einer Einbürgerung von Fremden in Deutschland im Wege steht, so ist es das Blut im Kopf der deutschen Intellektuellen, das eine geistige Auseinandersetzung mit dem Fremden im eigenen Land verhindert.

Wie kann man es anders erklären, daß die Riesen in der deutschen Presselandschaft wie das Nachrichtenmagazin *Spiegel* oder die anspruchsvolle Wochenzeitung *Die Zeit* es bis heute versäumt haben, ausländische Schriftsteller und Intellektuelle regelmäßig zu Worte kommen zu lassen, und zwar nicht nur zu Fragen der Migration, sondern zu allen Zeit- und Lebensfragen. Dasselbe gilt für die meisten überregionalen Tageszeitungen, die Rundfunk- und Fernsehanstalten. Das Problem beginnt schon damit, daß den Redakteuren nicht einmal die Existenz von solchen Autorinnen und Autoren bekannt ist, falls sie sich nicht zufällig auf der Insel aufhalten, die dazu bestimmt worden ist, mit diesen zu kommunizieren.

Zu diesen Inseln zählt die *Tageszeitung* aus Berlin – mit einer verkauften Auflage von unter siebzigtausend die kleinste unter Deutschlands überregionalen Zeitungen.

Als sie am symbolbeladenen 9. November (Jahrestag

des Judenprogroms 1938 und der Maueröffnung 1989) des letzen Jahres (1991) die redaktionelle Herstellung einer Crew von immigrierten Autoren und Journalisten übergab, wurde das fast wie eine Sensation in der deutschen Medienlandschaft aufgenommen. Die auf über 100.000 Exemplare erhöhte Auflage war binnen weniger Stunden vergriffen: Doch obwohl gerade diese Zeitung immer wieder immigrierten Journalistinnen und Journalisten Platz eingeräumt hatte und nach dreißig Jahren Migration, die Anwesenheit von gut und einfallsreich deutsch sprechenden und schreibenden Einwanderern eine Selbstverständlichkeit sein könnte, hatte die ganze Angelegenheit etwas Feierliches an sich.

Haben denn die Migranten keine eigenen Medien, wird man sich fragen. Im journalistischen Bereich werden die Bedürfnisse nach Information durch Zeitungen und Zeitschriften noch immer aus den Heimatländern gedeckt, die teilweise, was die türkischen Zeitungen betrifft, um spezielle Seiten erweitert, in Deutschland produziert werden. Hinzu kommt eine 40minütige überregionale Rundfunksendung täglich, in türkischer, serbo-kroatischer, italienischer und griechischer Sprache, sowie ein eineinhalbstündiges Programm jeden Samstagvormittag im Fernsehen, mit dem Titel *Nachbarn in Europa*, mit wechselnden, aus der Türkei, Griechenland, Spanien, Italien und Portugal importierten Programmteilen. Da die Planer und Gestalter dieser Programme die Wendigkeit von Dinosauriern besitzen, brauchen sie sicherlich noch eine Weile, bis sie merken, daß z. B. die Zahl der Polen in den letzten Jahren erheblich zugenommen hat, für diese Minderheit aber kaum etwas gesendet wird, ganz zu schweigen von Kurden und Arabern.

Alle Versuche von Türken, eigene, von der Türkei unabhängige Zeitungen und Zeitschriften in Deutschland zu etablieren, sind bis jetzt gescheitert oder befinden sich im

Experimentierstadium. Nachdem der Versuch einer Mediengesellschaft größeren Umfangs namens *Kirpi* (d. h. *Igel*) (mit einer zweisprachigen türkisch-deutschen Illustrierten, privaten Rundfunksendern, eigenem Verlag und Buchvertrieb) an finanziellen Problemen gescheitert ist, sind lediglich kleinere regionale Versuche der zweiten Generation von Einwanderern, vor allem in Berlin zu verzeichnen: Zeitschriften mit buntklingenden Namen wie *Kauderzanca* oder programmatischen wie *Mosaik*. Außerdem gibt es ein Ausländerprogramm im Rahmen einer privaten Rundfunkstation und Sendestunden im offenen Kanal des Berliner Kabelfernsehens. Immerhin halten sich zwei Literaturzeitschriften: *Dergi/Die Zeitschrift* aus Duisburg und *Yazin/Literatur* aus Frankfurt. In diesen, in kleinen Auflagen meist unregelmäßig erscheinenden Blättern veröffentlichen sowohl zahlreiche Autorinnen und Autoren, die nach Deutschland eingewandert sind, als auch Autorinnen und Autoren aus der Türkei. Von der Existenz solcher Zeitschriften weiß die deutsche literarische Szene nichts. Ihr Interesse insbesondere an der Literatur und Kunst der größten Minderheit in Deutschland, der Türken nämlich, tendiert gegen Null.

Zwei türkische Verlage, der Ende der siebziger Jahre von Ahmet Doğan in Stuttgart gegründete und später nach Berlin übergesiedelte *Ararat Verlag* und der 1983 in Frankfurt gegründete *Dağyeli Verlag* haben sich mit über hundert Buchpublikationen vergeblich um die Gunst des deutschen Publikums bemüht. Der erstere hat vor einigen Jahren das Verlegen eingestellt, um dem Schicksal des zweiten zu entgehen, dieser nämlich steht vor dem Konkurs.

Wenn es um türkische Kultur geht, scheint auch dem deutschen Intellektuellen Kebap und Bauchtanz zu genügen. Große Verlage lehnen die Veröffentlichung türkischer Autoren immer wieder mit der Begründung ab, dafür gebe es keinen Markt. Mit demselben Argument werden die meisten anspruchsvollen Werke von hier lebenden ausländischen Schriftstellern vom Markt ferngehalten, es sei denn, daß sie eines der folgenden Kriterien erfüllen:

1. Bestätigung der Bilder über den Fremden und seine Kultur, die in den Köpfen vorherrschen:

Die Türkei beispielsweise ist ein rückständiges, halbfeudales, muslimisches, also orientalisches Land. Folglich müssen die türkischen Autoren der Gegenwart exotische Bilder von einer fremden, fernen Welt liefern: Romane, die auf dem Land spielen, Reportagen über die Unterdrückung der türkischen Frau, fremde Sitten und Gebräuche, folkloristische Reminiszensen, wie sie z. B. im Werk der Ingeborg-Bachmann-Preisträgerin von 1991 Emine Sevgi Özdamar zu finden sind. Die Verleihung dieses vielbeachteten Preises für neue deutschsprachige Prosa an diese türkische Autorin kritisierte die *Frankfurter Allgemeine Zeitung* wie folgt: »Die Jury wählte die Flucht in die Unglaubwürdigkeit und nominierte den hilflosen Text einer deutsch schreibenden Türkin, der mit folkloristischen Elementen aus der Märchentradition ihrer Heimat spielt, die von den Juroren gutmütigerweise für Surrealismus gehalten wurden... Auch vor dem Hintergrund zeitgenössischer türkischer Prosa, die keineswegs naiv ist oder folkloristisch, ist die Wahl absurd, ja beleidigend.« (in: *Frankfurter Allgemeine Zeitung*, 2. 7. 1991)

Wenn türkische Maler oder Schriftsteller es wagen, Themen der Großstadt, des modernen Lebens, Sexualität und Rollenwechsel zwischen den Geschlechtern, d. h. die Wirklichkeit in ihrer ganzen Komplexität auf experimentelle Art und Weise zu erfassen, fallen sie aus dem Blickwinkel heraus.

Dasselbe Schicksal ereilt z. B. die seit 1964 in Deutschland lebende iranische Autorin Torkan, deren 1983 erschienener Roman *Tufan: Brief an einen islamischen Bruder* nicht in die gängigen Schablonen von Ausländerliteratur passen will. Die amerikanische Literaturwissenschaftlerin Leslie A. Adelson kommentiert in ihrem Essay *Migrantenliteratur oder deutsche Literatur* diesen Umstand wie folgt: »Indem Torkan entschieden hat, über etwas anderes zu schreiben als Deutsche, die Ausländer schlecht behandeln, indem sie das Leben in Deutschland nur am Rande streift, zwingt sie ihre Leserschaft eine Welt anzuerkennen, die für Menschen innerhalb des deutschen Alltags auch außerhalb existiert. So erhalten die ›Ausländer‹ in ihren Texten komplexere Konturen und Geschichten, als würden sie auf den Status des Fremdkörpers in der deutschen Kultur reduziert, wie es häufig in der sogenannten Migrantenliteratur der Fall ist.« (in: *Spätmoderne und Postmoderne, Beiträge zur deutschsprachigen Gegenwartsliteratur,* herausgegeben von Paul Michael Lützeler, Frankfurt a.M. 1991)

2. Der deutschen Literatur neues Blut zuführen:

Dieses Kriterium betrifft vor allem die auf deutsch schreibenden ausländischen Schriftsteller in Deutschland. Es besagt, daß sie anders zu sein haben als ihre deutschen Kollegen. In der Andersartigkeit und Marginalität der Minderheit sucht die herrschende Kultur der Mehrheit eine Projektionsebene, auf die sie durch Aufklärung und Rationalität verlorengegangene eigene mythische Anteile projiziert: Erfolgstrategie Nummer eins ist dabei die Wiederbelebung der mündlichen Tradition, also Märchen erzählen. Sie wird vor allem von arabischen Autoren wie von dem Syrer Rafik Schami, der seine Märchen nicht vorliest, sondern sie auf zahlreichen Veranstaltungen »authentisch«

mündlich vorträgt, mit Erfolg praktiziert. Mittlerweile hat er zahlreiche Nachahmer gefunden, die sich den Märchenmarkt unter sich aufteilen. Alle stammen – welch ein Zufall – aus arabischen Ländern. Ein Autor wie der in München lebende, allerdings nicht auf deutsch, sondern auf arabisch schreibende Tunesier Hassouna Mosbahi, hat es dagegen schwer, überhaupt wahrgenommen zu werden. Sein literarisch beachtlicher Erzählband *So heiß, so kalt, so hart* ist in einer eigenwilligen und modernen literarischen Sprache verfaßt, bleibt aber, was die Rezeption anbetrifft, im Schatten »orientalischer« Erzähler.

3. Anspruchslosigkeit:

Die bisher erfolgreichste Autorin mit ausländischem (türkischem) Namen in Deutschland, wenn man von dem 1959 geborenen Akif Pirinçci absieht, der mit seinem witzig geschriebenen und intelligenten Krimi *Felidae*, in dem Katzen die Hauptrollen spielen, 1989 in diesem Genre ein großer Erfolg gelungen ist, ist die Schauspielerin Renan Demirkan. Ihr von dem renommierten *Kiepenheuer und Witsch Verlag* als Erzählung angepriesener Text *Schwarzer Tee mit drei Stück Zucker*, der 1990 erschien, stand monatelang auf Bestsellerlisten. In ihm wird das Schicksal von vier Generationen einer nach Deutschland eingewanderten türkischen Familie dargestellt. Die völlig unkritische Aufnahme durch Presse und Publikum veranlaßte die als Jugoslawin in Deutschland aufgewachsene Literaturkritikerin Mira Beham zu einem Verriß im *Magazin* der *Süddeutschen Zeitung*: »Die Charaktere bleiben so schemenhaft wie die von der (autobiographisch gefärbten) Hauptfigur verabscheute Morgendämmerung. Die Rückblenden in die Heimat haben den erzählerischen Impetus eines Reiseprospekts. Und das Leben der Türkinnen und Türken wird abgespult wie ein Beitrag fürs Schulfernsehen unter dem Motto: Unsere ausländischen Mitbürger.« (in: *Süddeutsche Zeitung Magazin*, 11. 10. 1991)

Das Desinteresse der deutschen Öffentlichkeit vor allem an türkischer Kultur hat zur Folge, daß ihre Kriterien bei der Beurteilung von Qualität mehr als verschwommen sind. Konnte in den siebziger Jahren noch der seit 1969 in Berlin lebende Aras Ören mit seinen Poemen über das Leben der ersten Generation der Einwanderer in Berlin wie z. B. mit *Was will Niyazi in der Naunynstraße?* den literarischen Durchbruch schaffen, so blieb die Anfang der achtziger Jahre entdeckte sogenannte *Gastarbeiterliteratur*, zu der neben türkischen auch italienische, griechische und spanische Autoren zählen, eher außen vor. Den sozial engagierten siebziger Jahren folgten nämlich die sorglosen achtziger der Kulturyuppies, die alles andere im Sinn hatten, als sich mit Büchern wie *nicht nur gastarbeiterdeutsch* (Franco Biondi), die soziale Konflikte oder Identitätsprobleme von Ausländern in Deutschland signalisierten, zu beschäftigen. Die Kultur und somit auch das künstlerische Werk der in Deutschland lebenden Ausländer blieben damit auf das Interessensgebiet von Sozialarbeitern beschränkt. Obwohl die achtziger Jahre vor allem im Bereich der Lyrik produktiv waren, wurde in den Anthologien, die die deutschsprachige Lyrik dieser Zeit umfassen, kein einziger Text von einem in Deutschland lebenden »ausländischen« Schriftsteller aufgenommen. Auch in den literarischen Zeitschriften bleiben sie eher die Ausnahme, ebensowenig sind sie in Schulbüchern vertreten.

Engagierten Kleinverlagen ist es zu verdanken, daß die meisten der ausländischen Autoren überhaupt ein Forum finden.

Diese Beobachtungen können ohne weiteres in den Bereich der bildenden und darstellenden Kunst übertragen werden. Schon seit Jahren gibt es in Berlin ein türkischsprachiges Theater, das einzige kontinuierlich mit öffentlichen Mitteln geförderte türkische Theater in Deutschland mit eigenem Haus *Tiyatrom*. Doch für deutsche Medien existiert dieses Theater, das nicht nur Werke türkischer Autoren inszeniert; praktisch nicht. Ebensowenig wird die Arbeit von Off-Theatern mit ihren experimentierfreudigen Regisseuren beachtet. Zu ihnen zählt der in Berlin lebende Regisseur Orhan Güner, dessen eigenwillige Aufführungen, wie zuletzt *Picknick im Felde* von Fernando Arrabal, die kulturelle Szene der Stadt bereichern, ohne wirklich wahrgenommen zu werden. Einen besonderen Platz in der Theaterszene nimmt die italienische Truppe *I Macap* vom *Teatro Siciliano* in Frankfurt ein. Ihre Sprache setzt sich aus einer einfallsreichen Mischung von Sprachelementen der Commedia dell'Arte, aus verschiedenen Dialekten des Italienischen und Deutschen zusammen.

Auch in der Musikszene rumort es. Zahlreiche Bands mit Namen wie *Islamic Force* oder *The azylents* suchen ein größeres Publikum. Oriental Jazz und Rap haben Konjunktur.

In München experimentieren türkische Jugendliche mit Videofilmen. Multinational ist die Breakdance- und Graffity-Sprayer-Szene besetzt, die die eintönigen U-Bahnhöfe jenseits der Legalität mit frechen Sprüchen und Farbtänzen versorgt. Doch welches Publikum interessiert sich für einen Videoclip mit dem Titel *Le Sylphe* mit Bildern zu einem Text von Paul Valery und mit der Musik der türkischen Gruppe *Ezginin Günlüğü*, wo man von der Kunst der Ausländer immer noch soziologische Kommentare zu ihrer Lebenslage erwartet.

Die Migration hat der deutschen Kultur eine durchaus reiche künstlerische Szene beschert, die im Rahmen eines solchen Aufsatzes nur bruchstückhaft skizziert werden kann. Doch sie *bereichert* die deutsche Kultur kaum, weil sie von ihr noch nicht richtig entdeckt worden ist. Ohne ihre Entdeckung und gleichberechtigte Anerkennung bleibt das Reden über die multikulturelle Gesellschaft Rhetorik.

In Wirklichkeit ist die deutsche Kultur, insbesondere im östlichen Teil, auf eine multikulturelle Gesellschaft noch nicht vorbereitet. Sie hat im Laufe der Geschichte zahlreiche, vor allem osteuropäische Kulturen assimiliert und die jüdische Kultur vernichtet. Wie soll ohne Förderung von Zweisprachigkeit, ohne Interesse am Kultur des anderen, ohne eine öffentlich-rechtliche Anerkennung der islamischen Religion eine solche multikulturelle Gesellschaft entstehen? Die literarische Öffentlichkeit tut sich selbst mit der deutschschreibenden jungen Ausländergeneration schwer, wie reagiert sie auf jene, die an ihrer Muttersprache festhalten wollen? Mit Schweigen und Ignoranz? Einfach so tun, als gäbe es sie nicht.

Eckart Schiffer, Chefdenker in Sachen Ausländerpolitik im deutschen Innenministerium formuliert es wie folgt: »Diese anderen Lebensstile können als individueller Lebensausdruck in den Grenzen des Rechts Freiheit beanspruchen. Dies bedeutet aber nicht, daß kollektiv im Staatsgebiet die Gleichrangigkeit mit den kulturellen Wertsetzungen des Staatsvolkes beansprucht werden kann.« *(Der Spiegel*, 30. Sept. 1991)

Als grundlegende Frage der nächsten Zukunft in Deutschland bleibt, ob die Aufhebung der Mauer im Innern, ihren Aufbau nach Außen bedeutet. Davon wären auch die »Ausländer« im »Inland« betroffen.

Kultur wirkt und lebt eben nicht nur durch die Konservierung eigener Identität, durch die Pflege der Tradition, der Bindungen an die Heimat, der Muttersprache, der Religion, der Eßgewohnheiten, Riten und Sitten, sondern Kultur bedeutet auch das Ausprobieren von Neuem, das

Wagen von Experimenten, von Mischungen, wie sie auch in der Kunst von Migranten in Deutschland stattfinden.

Doch solange man hierzulande glaubt, einem deutschsprachigen türkischen Schriftsteller ein Kompliment zu machen, wenn man sein gutes Deutsch lobt, verkennt man die wirkliche Tragweite der Migration in diesem Land.

Dezember 1991

Götterdämmerung in Deutschland

Über das Verhältnis von Staat, Kirchen und Islam

Mit Titeln wie *Der Muezzin ist überall – Allah erobert die Welt – Die Macht des Propheten –Vormarsch im Namen Allahs* machte die Illustrierte *Stern* in ihrer Ausgabe vom 13. 2. 92 eine Reportage über die aktuelle Lage in der islamischen Welt auf.

Rasch entpuppt sich der Stimmungsbericht aus den Sphären der Muslime als ein Barometer der gegenwärtigen Stimmung in Europa: das Gefühl, belagert zu sein von einem neuen und doch altbekannten, jetzt wieder auftauchenden Feind. In der langen gemeinsamen Geschichte muß man nicht lange nach Vorbildern für die Feindschaft suchen. Kreuzzüge und Türkenkriege verdrängen die Phasen kurzer friedlicher und kulturell fruchtbarer Koexistenz. Die jährliche muslimische Pilgerfahrt (Hadsch), bei der sich Gläubige aus aller Welt in Mekka und Medina treffen, löst bei dem *Stern*-Reporter die Frage aus: »Ist das nur eine Gemeinschaft des Lebensgefühls, oder braut sich unter dem grünen Banner des Propheten ein Sturm auf den Rest der Welt zusammen?«

Die wahre Dimension des drohenden Konflikts wird deutlich, wenn man begreift, daß der Islam sich nicht nur vor der Haustür Europas befindet, sondern als Folge der Emigration sich schon im Haus niedergelassen hat. In der europäischen Gemeinschaft leben ca. 10 Millionen Menschen muslimischer Herkunft, in Deutschland sind es fast 2 Millionen, von denen 1,6 Millionen aus der Türkei stammen. In Deutschland, wo Einwanderer immer noch im Gästebuch geführt werden, besteht die akute Gefahr, die Muslime als die Speerspitze alles Fremden entweder als eine potentielle fünfte Kolonne wahrzunehmen, oder gar nicht.

Im Vergleich zu Großbritannien und Frankreich, wo Konflikte wie die Rushdie-Affäre oder der Streit um Kopftücher offener und innenpolitischer ausgetragen werden, herrscht in Deutschland vor allem den inneren »deutschen« Islam betreffend, noch weitgehend ein Blackout. In Frankreich transportiert ein »Rat der Weisen« als Ansprechpartner von Regierung und Behörden das Thema Islam in die Öffentlichkeit. In Deutschland bleibt der Islam ganz im Sinne der hiesigen Ausländerpolitik ein Anliegen der Ausländer, eher eine außenpolitische Angelegenheit als eine Spannung im Inneren. Infolge der über dreißigjährigen Einwanderung ist in Deutschland ein »inneres Ausland« entstanden, dessen bewußte und unbewußte Verdrängung nach wie vor gesellschaftlicher Konsens ist und ein Leitmotiv der deutschen Ausländerpolitik darstellt.

Noch immer fristet der Islam in Deutschland ein provisorisches Dasein in Nischen, mit Gebetsräumen in Kellern, zweiten und dritten Hinterhöfen. Für repräsentative Moscheen in den Stadtzentren gibt es unter den Stadtvätern kaum Fürsprecher. Schon gegen Gebetsstätten in Stadtvierteln mit hohem muslimischen Bevölkerungsanteil regt sich der Widerstand der deutschen Bevölkerung. Hausbesitzer sorgen sich um den Wert ihrer Anlagen. Mehrmals mußten sich deutsche Gerichte mit Klagen beschäftigen, bei denen es um die Einrichtung von Gebetsräumen ging. Zuletzt hat das Bundesverwaltungsgericht entschieden, daß das im Grundgesetz verankerte Recht auf Freiheit der Religionsausübung über das Ruhebedürfnis der Nachbarschaft zu stellen sei. Da müssen eben auch die Sorgen um die Parkplätze zurückstehen. Muslimische Friedhöfe gibt es in Deutschland ebensowenig (die Toten werden immer in die Heimat geflogen) wie einen systematischen, in den Lehrplan integrierten Religionsunterricht für muslimische Kinder, obwohl der deutsche Staat nach dem Grundgesetz dazu verpflichtet ist, die Bedingungen für einen solchen Unterricht zu schaffen.

Nirgendwo wurde die Randlage der Muslime in Deutschland so plastisch sichtbar wie im alten ummauerten Westberlin, wo sich ihre Welt vor allem entlang der nunmehr abgerissenen Mauer entfaltete. Jetzt, wo die Mauer verschwunden ist, ist aus der Randlage geographisch Mittellage geworden. Gesellschaftlich gesehen aber drängt sich immer spürbarer die Frage auf, wann und zu welchen Bedingungen es zu einem Vertrag mit den »Gästen« kommen wird, die sich mittlerweile auf Dauer eingerichtet haben. Doch kann es überhaupt einen solchen Vertrag geben, ohne Kenntnis vom anderen zu nehmen, in einer Atmosphäre, in der Unkenntnis durch Angst verdeckt wird?

In letzter Zeit häufen sich wieder Kongresse und Publikationen, die die in den achtziger Jahren erstarrte Diskussion wieder in Gang bringen und Wege ausloten sollen, die Marginalisierung des Islam in Deutschland zu überwinden. Die Debatte Ende der siebziger Jahre, bei der es vor allem um die Einführung des Islamunterrichts an deutschen Schulen ging, aber auch um eine öffentlich-rechtliche Anerkennung des Islam als Körperschaft, also um eine Gleichstellung mit den Kirchen, ließ zwar einen Wald von Fachliteratur entstehen, aber keine praktikablen Konzepte. So bleibt der Islam weiterhin ein Pflegefall, an dem sich vor allem das paternalistische Bedürfnis der Kirchen befriedigt. Er wird nur partiell wahrgenommen als eine Angelegenheit der Stadtviertel, ohne in seiner bundesweiten Dimension, als Religion Deutschlands.

Im Gegensatz zur katholischen und protestantischen Kirche ist die Anerkennung der Islamischen Gemeinden als Körperschaft öffentlichen Rechts bis dato ausgeblieben. Von deutscher Seite aus heißt es immer wieder, die Muslime würden zwar die Bedingung dafür erfüllen, d. h. ihrer Zahl nach Gewähr für eine dauerhafte Präsenz bieten, es fehle jedoch aufgrund der Zersplitterung in mehrere Organisationen ein repräsentativer Gesprächspartner.

Hinzu kommt, daß nur etwa 15 % der türkischen Bevölkerung in Deutschland Mitglied eines islamischen Vereins sind, wobei die meisten Verbände einer radikalen, fundamentalistisch islamischen Weltsicht anhängen, die sie in einen Gegensatz zum Gesellschaftssystem der Bundesrepublik bringt. So war 1979 der Vorstoß der zu dieser Zeit mit ca. 18.000 Mitgliedern stärksten islamischen Organisation in Deutschland, des »Verbandes der Islamischen Kulturzentren« in Nordrhein-Westfalen, die Anerkennung als Körperschaft anzustreben, von vornherein zum Scheitern verurteilt, da sie nicht nur bei den Gewerkschaften und säkularen Einwandererorganisationen, sondern auch bei muslimischen Konkurrenzunternehmen auf erheblichen Widerstand stieß.

Die islamischen Kulturzentren waren vor allem durch die umstrittene Betreuung von Korankursen für muslimische Kinder bekannt geworden. Sie profitierten maßgeblich von dem Vakuum, in dem sich die religiösen Bedürfnisse der Muslime in Deutschland befanden. Hinter dem Verband stand die radikal konservative, nationalistisch orientierte Bewegung der Süleymancı (genannt nach ihrem Gründer, dem Prediger Süleyman Tunahan). Die Bigotterie der Süleymancıs reicht so weit, jede Art von wissenschaftlichem Studium, vor allem der Philosophie, zu verpönen. Der Verband kooperierte zeitweise mit den faschistischen »Grauen Wölfen« des Obersten Türkeş und bezog finanzielle Hilfe von der katholischen Kirche, so vom Kölner Erzbischof Kardinal Höffner.

Ergiebiger waren freilich die Spenden, die unter den Gläubigen in Deutschland gesammelt wurden. Wie türkische Zeitungen immer wieder zur Sprache brachten, ist bei der Verwendung dieser beträchtlichen Mittel vieles im Dunkeln geblieben. Seit die Körperschaftsdiskussion in Gang gekommen ist, zählt es zur Taktik radikaler islamischer Organisationen, Erklärungen wie die folgende zu veröffentlichen:

»Das islamische Kulturzentrum Köln e.V. ist zu einer partnerschaftlichen Zusammenarbeit mit den staatlichen Instanzen bereit und fühlt sich der freiheitlich-demokratischen Ordnung in der Bundesrepublik Deutschland verpflichtet. Es sieht in seiner Verpflichtung gegenüber dem islamischen Gesetz auf der einen und der Loyalität gegenüber dem Staat und der ihn tragenden Gesellschaft auf der anderen Seite keinen Widerspruch... Die Gemeindeleitungen legen den Mitgliedern nichts in den Weg, wenn sie etwa die deutsche Staatsbürgerschaft erwerben wollen. Erklärtes Ziel ist die Integration der Moslems in die deutsche Gesellschaft mit allen daraus resultierenden Rechten und Pflichten...«.

Wie diese Integration auszusehen hat, erläutert der Vorsitzende H. R. Tüyloğlu, der sich selbst als Eroberer von Europa bezeichnet, in einem Artikel der Zeitung *Anadolu* vom 6. 6. 1979: »Wir sind eine edle und adelige Nation, die die Fahnen des Islam tausend Jahre getragen hat. Gottseidank sind wir Muslime. Deshalb werden wir uns nicht wie damals die Polen – in Deutschland assimilieren.« In derselben Zeitung schrieb der Stuttgarter Hauptimam Mehmet Kaya: »Ein Deutscher hat keine äußere Reinheit, weil er Wein, Schnaps und Bier trinkt und Schweinefleisch ißt. Innere Reinheit besitzt er sowieso nicht.«

Die Doppelzüngigkeit, sich nach außen rhetorisch anzupassen an die Wertordnung der Bundesrepublik bei gleichzeitiger Bewahrung polemischen Geistes im Innern, hat Methode. Bei der z. Z. mit ca. 70.000 Anhängern zweitstärksten Vereinigung führt sie gar so weit, den Vereinsnamen *Avrupa Milli Görüş Teşkilatları* (Vereinigung der Nationalen Sicht in Europa) mit dem unverbindlicheren Titel »Vereinigung der neuen Weltsicht in Europa« ins Deutsche zu übersetzen. *Milli Görüş* ist nichts anderes als die Auslandsorganisation der fundamentalistisch islamischen *Wohlstandspartei* von Necmeddin Erbakan. Bei den letzten Parlamentswahlen in der Türkei konnte er dank einer Wahlgemeinschaft mit der faschistischen Partei der nationalen Arbeit von Türkeş über 16 % der Stimmen bekommen. Ziel der Partei ist die Gründung eines theokratischen Staates in der Türkei. Es gibt viele Querverbindungen zu fundamentalistischen Organisationen in der arabischen Welt, so z. B. zu den Muslimbrüdern. Auch diese straff organisierte Parteiorganisation versucht sich seit geraumer Zeit, in Deutschland als Körperschaft mit Alleinvertretungsanspruch für die Muslime zu etablieren.

Besonders auffallend ist in letzter Zeit, daß sie mit immer mehr Erfolg deutsche Muslime, wie den reform- und dialogorientierten Leiter des Islam-Archivs in Soest M. S. Abdullah vor ihren Karren spannt. Dabei stellt sich die Frage, ob diese eine mäßigende Vermittlerrolle übernehmen, oder eher als Strohmänner mißbraucht werden. Abdullah hält eine aufklärerische Neuinterpretation des islamischen Glaubens für unverzichtbar und glaubt, über den Weg der Anerkennung des Islam als Körperschaft mit der Herausforderung der Säkularisierung fertig werden zu können.

Hierzu müßten sich alle nennenswerten islamischen Verbände verbünden. Doch inzwischen wird der islamische Heilsmarkt in Deutschland gänzlich von Ankara beherrscht. Das ungezügelte Treiben radikaler Organisationen wurde dem laizistischen Staat zu bunt. Er sah von den Aktivitäten dieser Gruppen einen wachsenden Einfluß auf die Türkei ausgehen. Die Anstalt für religiöse Angelegenheiten in Ankara, die der türkischen Regierung unterstellt ist, kontrolliert mittlerweile hunderte von muslimischen Gemeinden. Die von ihr gegründete DITIB (Türkisch-islamische Union der Anstalt für Religion) hat bereits um die 110.000 Mitglieder. In fast allen deutschen Großstädten hat die finanzstarke DITIB Grundstücke und Gebäude gekauft, um islamische Zentren zu gründen. Vor allem die islamischen Kulturzentren der Süleymancıs mußten der Initiative des türkischen

Staates weichen. Ihre Mitgliederzahl ist mittlerweile auf 10.000 geschrumpft. Nach eigenen Angaben setzt DITIB sich für die Integration der türkischen Bürger in Deutschland ein und will eine Alternative zu den religiösen Aktivitäten fundamentalistischer und extremistischer türkisch-islamischer Gruppierungen in Deutschland bieten.

Ist DITIB der lang ersehnte Gesprächspartner des deutschen Staates im Fall Islam? Ist es nicht eine logische Konsequenz der immer noch nicht innenpolitisch erfaßten deutschen Ausländerpolitik, daß der deutsche Staat sich mit einer Organisation an den Tisch setzt, deren Leitung in Ankara sitzt und deren Imame in Deutschland Beamte des türkischen Staates sind?

Doch die Anstalt für religiöse Angelegenheiten in Ankara ist nicht wie eine Kirche organisiert. Sie ist eine staatliche Behörde, ein türkischer Modellversuch, den Islam in eine säkulare und pluralistische Gesellschaft zu integrieren. Der Islam hat in seiner 1400jährigen Geschichte keine Kirche gebildet. Wie erwähnt, sind nur 15 % der türkischen Bevölkerung in Deutschland Mitglieder islamischer Verbände, obwohl der Grad der Frömmigkeit viel höher ist.

Wem nutzt bei solchen Ausgangsbedingungen die Bildung einer Körperschaft, außer denen, die die religiösen Bedürfnisse und Gefühle der Muslime ausbeuten wollen, ohne sie zu repräsentieren? Die Mehrheit der türkischen Muslime sind keine Anhänger eines islamischen Gesellschaftsmodells. Sie pflegen einen persönlichen Glauben, der weitgehend säkularisiert ist und keiner komplizierten geldschluckenden Apparate bedarf.

Es ist grotesk: Die angeblich säkularisierte deutsche Gesellschaft drängt die angeblich präsäkulare islamische Glaubensgemeinschaft dazu, eine kirchenähnliche Institution zu bilden, um sich mit allen Rechten zu integrieren.

Dabei wird der eigentliche wunde Punkt in dieser Debatte sichtbar:

Es hat in Deutschland Tradition, daß Gleichberechtigung unter den Religionen, auch wenn die Verfassung den Staat zur Neutralität verpflichtet, nicht von vornherein als Gesellschaftsauftrag verstanden wird, sondern nur durch Anpassung von seiten der Minderheiten an bereits bestehende Muster erzielt werden kann. Diese Tatsache läßt sich auch in der Geschichte der Emanzipation der Juden belegen.

So ist es nicht verwunderlich, daß der deutsche Staat eher dazu bereit ist, den Islam in ein unpassendes Kleid zu stecken, als in der für alle Seiten unbefriedigenden Situation einen willkommenen Anlaß zur Fehleranalyse bei der eigenen Gesellschaft zu sehen.

In Wahrheit deutet nämlich die aktuelle Konstellation zwischen Kirchen und Staat – der historische Machtkompromiß, der noch auf die Weimarer Verfassung zurückgeht – auf eine steckengebliebene Säkularisierung in Deutschland hin, die stark reformbedürftig ist. Von der Wiege bis zu Bahre begleitet das Christentum den deutschen Bürger nicht nur im spirituellen Bereich, sondern auch in ganz profanen Dingen, in Kindergärten, Schulen und Krankenhäusern. Der Staatsscheck in Höhe von über 13 Milliarden Mark jährlich, der in Form einer Kirchensteuer von den Bürgern eingetrieben wird, ist gar einzigartig in Europa. Fast drei Viertel dieser Summe fressen Verwaltungskosten und Personal.

Die von einigen Parlamentariern entfachte aktuelle Diskussion zur Abschaffung der Kirchensteuer könnte sofort eine besondere Note bekommen, wenn daran erinnert werden würde, daß die drittgrößte Glaubensgemeinschaft in Deutschland, der Islam nämlich, keineswegs in gleicher Art und Weise behandelt wird, wie die Kirchen und von diesem Segen bislang ausgeschlossen blieb. Die vom Grundgesetz garantierte Neutralität des Staates ist längst nicht mehr gegeben. Der Islam als eine Religion Deutschlands existiert weiterhin nicht im Bewußtsein der Deutschen. So kann seine Präsenz auch kaum zu einer säkularen Reform in Deutschland beitragen, wenn es darum geht, das Verhältnis der Kirchen zum Staat neuzuordnen. Immer noch informiert sich der deutsche Staat in erster Linie bei den Kirchen, wenn es um Fragen des Islam geht. Auf der muslimischen Seite fehle es an Gesprächspartnern, hört man oft von nichtbefugten Verantwortlichen wie den Ausländerbeauftragten. Doch fehlen sie nicht auch auf deutscher Seite?

März 1992

Dialog über die dritte Sprache

Deutsche, Türken und ihre Zukunft

Das Mädchen, bei dem ich bei meinem Aufenthalt in Istanbul jeden Tag Zeitungen kaufte, fragte mich einmal, ob ich Deutscher oder Türke wäre. Als sie merkte, daß ich über ihre Frage staunte und mit der Antwort zögerte, sprach sie, wie für mich, weiter:

In letzter Zeit kommen viele hierher, um Türkisch zu lernen.

Türken oder Deutsche? fragte ich zurück, in der Hoffnung einer Antwort auf diese Weise ausweichen zu können.

Solche wie du, weder noch.

Oder beides, sagte ich. Ich kann doch Türkisch und lese täglich Zeitungen und Bücher in beiden Sprachen.

Und wo ist deine Heimat? fragte das Mädchen zurück.

Heimat! Wer hat denn diesen Begriff erfunden, und von wem hast du es, entfuhr es mir, obwohl ich mich innerlich ruhig und ausgeglichen fühlte.

Du mußt sehr traurig sein. Bist du mir böse?

Ich bin nicht traurig. Ich lebe in Deutschland und bin glücklich dort. Ich bin dort aufgewachsen, weißt du. Ich kenne dort fast jeden Winkel.

Machst du Urlaub hier?

Endlich eine Frage, die ich beantworten kann, weil die Antwort anders ausfallen wird, als was sie sich denkt, ging mir durch den Kopf.

Nein, ich arbeite hier. Ich bin hierher gekommen, um ein Buch zu schreiben. Ein Buch über die Deutschen.

Ein Buch über die Deutschen? Über die, die du kennst oder auch über welche, die du nicht kennst?

Darüber habe ich noch nicht nachgedacht. Ich glaube, die Deutschen allgemein sehr gut zu kennen.

Ja, du bist ja selbst einer. Das Mädchen lachte verschmitzt.

Ich bin sehr glücklich darüber, kein Deutscher zu sein. Deutscher in Deutschland zu sein, das ist doppelt schwer.

Wieso?

Es gibt viele Völker, die sich selbst nicht leiden können und die deshalb beginnen, andere zu hassen. Aber sie lieben ihr Land, die Landschaft, die Luft, das Klima, in dem sie leben. Den Haß in ihrem Kopf gleichen sie durch ihren Körper aus.

So wie die Türken, entgegnete das Mädchen.

Die Deutschen aber, können weder sich selbst leiden noch ihr Land. Sie hassen mit Kopf und Körper. Deshalb brauchen sie auch Distanz zwischen sich und den anderen. Eine Art Pufferzone. Die anderen verstehen es meistens nicht, aber das ist nur zu ihren Gunsten. Ein Hygienegürtel, der die Übertragung von Keimen hemmt. Man muß sich ja nicht gleich um den Hals fallen.

Aber sie fahren so viel in der Welt herum. Auch hier sind viele.

Das ist nur um den anderen zu zeigen, wie stark und überlegen sie sind. Außerdem, wie ich dir schon sagte, sie fühlen sich ja zuhause unwohl. Es ist da viel zu kalt und voller Fabriken und Autobahnen.

Das stimmt doch gar nicht, protestierte das Mädchen laut. Ein Onkel von mir lebt auch in Deutschland. Er hat mir einmal einen Kalender geschickt. Einen Wandkalender mit zwölf Blättern, für jeden Monat eins. Da waren viele wunderschöne, grüne Landschaften zu sehen, mit sehr viel Wald und alten Kirchen. Ich hatte ein seltsames Gefühl in mir, sofort dort hinfahren zu wollen, ein Gefühl wie eine Sehnsucht, obwohl ich noch nie dort war und meinen Onkel nicht leiden kann.

Kannst du jetzt verstehen, warum ich gerne dort lebe? Deutschland ist ein Land, daß man vor Sehnsucht haßt. Eine Sehnsucht, die man unbedingt tilgen muß. Ein Land, in dem sich jede Art von Fröhlichkeit mit System in Trauer verwandelt. Für jeden Zungenschlag und jeden Fußtritt gibt es Vereine und Verbände, und der Staat kassiert Geld für den Glauben an Gott. Du mußt dir mal vorstellen, wie schwierig es für einen Deutschen sein muß: alle beneiden ihn wegen seines Erfolgs und seines Reichtums und wegen der Schönheit seines Landes, aber keiner liebt ihn. Er haßt die anderen für das, was sie an ihm bewundern. Er ist wie ein unglücklich Verliebter, dessen Verzweiflung mal Unvorstellbares erschafft, mal unvorstellbar zerstört. Er ist einsam.

Ist es nicht gefährlich, mit den Deutschen zu leben? Es muß genauso schlimm sein, wie bei einem Vater und einer Mutter, die sich nicht lieben und sich dafür an ihrem Kind rächen.

Genau darüber schreibe ich. Ich suche eine Anwort auf die Frage, wie man ein Volk mögen kann, das sich selbst häßlich nennt.

Weißt du, eigentlich geht es sehr gut mit den Deutschen und den Türken. Sie wissen fast nichts über uns, nehmen uns kaum wahr. Wir aber, kennen sie sehr gut. Wir spielen eine Art Versteckspiel. Unsere Beziehung lebt von einer unausgesprochenen Spannung. Dabei leiden sie unter dem Zwang, über alles bis zum letzten Atemzug sprechen zu müssen. Sie leiden nicht, sie genießen es, vor allem über etwas zu sprechen, was von ihnen aus gesehen draußen ist. Sie domestizieren alles Fremde mit der Sprache. Eigentlich nehmen sie nur das wahr, was sie aussprechen. So können wir uns vor ihnen schützen.

Über welche Seite sprichst du jetzt?

Ich spreche über uns und die anderen. Aber ist das so wichtig? Ob wir oder andere, das sind doch Leerstellen, die jeder für sich selbst füllen kann.

Ich kann dir nicht folgen, aber ich bin schon mal auf der Seite der Türken.

Wir sind dabei, uns in Deutschland Inseln zu bauen, graben uns ein in unsere Viertel, unsere gewohnten Wege. Wir gewöhnen uns an die Pufferzonenmentalität. Neuerdings gehe ich sogar zu einem türkischen Zahnarzt.

Jetzt bin ich mir ganz sicher, daß du ein Türke bist.

In Berlin, der Stadt aus der ich komme, leben wir ganz nach dem Stadtplan. Es gibt Bezirke und Gegenden, die wir besser nicht betreten. Aber unter uns sind wir sicher, können uns berühren, lachen und fröhlich sein. Diese vorgegebene Ordnung macht uns das Leben leicht. Je nach Spielplan sind wir manchmal deutscher als die Deutschen, ein andermal türkischer als die Türken. Vielleicht sind wir sogar etwas freundlicher zueinander, als ihr es hier unter euch seid.

Das ist ja ein Leben, wie in einem Gefängnis!

Du übertreibst. Außerdem haben wir keine Sprachprobleme mehr. Wenn wir nicht deutsch lernen, können wir sicher sein, daß die Deutschen früher oder später türkisch lernen werden.

Wenn ihr bis dahin euer Türkisch schon nicht ganz vergessen habt.
Und überhaupt ist das gut für euch, wenn die Deutschen türkisch lernen, oder? Du willst doch gar nicht, daß sie euch kennenlernen.

Ja, das würde sie gänzlich überfordern. Dann wäre unser Leben wirklich in Gefahr. Vielleicht müßten wir Deutsche und Türken eine dritte gemeinsame Sprache lernen, die keiner außer uns versteht. Die uns zu Komplizen macht. In der jeder von uns seinen Namen buchstabieren muß. Die uns ineinanderimpft und gegeneinander immunisiert, so daß wir zusammen sein können, ohne uns zu verletzen. Eine dritte Sprache, in der sich unsere Kinder über die Schönheiten ihres gemeinsamen Vater- und Mutterlandes austauschen können und über die mangelnde Liebe und Zuneigung der anderen klagen, in der Kälte und Wärme sich vereinigen, ohne sich zu neutralisieren. Eine dritte Sprache aus dem Alphabet der Taubstummen, der gebrochenen Laute, eine Bastardsprache, die Mißverständnisse in Komik verwandelt und Angst in Verständnis.

Das klingt ganz schön, sagte sie, aber falls ihr diese Sprache doch nicht findet, könnt ihr doch alle hierher zurückkommen, es wird zwar immer enger hier, aber irgendwie kommen wir doch zurecht. Wir sparen einfach an den Pufferzonen. Außerdem ist doch hier unser aller Heimat. Und wenn ihr euch gar nicht mehr von euren Deutschen trennen könnt, nehmt sie einfach mit.

Für den, der seine Heimat verloren hat, wird die Rückkehr dorthin nur eine kleine Flucht vor einer größeren sein, dachte ich bei mir, ohne es auszusprechen.

April 1992

Die Angst vor der Zweisprachigkeit

Wenn ein Mensch seiner Muttersprache fremdgeht, wird er zweisprachig. Die einen sehen in ihm den Untreuen, der das Erbe der Vorfahren verraten hat. Einer, der mit Fremden gemeinsame Sache macht. Die anderen entdecken in ihm den Störenfried, der darauf aus ist, die vertraute Landschaft zu verändern, der sich ungefragt an den heimatlichen Tisch setzt, der die Grenzen des Gastdaseins bewußt verletzt und die Rechte der Einheimischen teilen möchte. Der Zweisprachige wird auf die Vorteile seiner doppelten Zunge nicht mehr verzichten wollen. Dennoch spürt er Tag für Tag, daß auf dieser zusammengerückten Welt Grenzen gezogen werden. Die undurchlässigsten sind dabei die abstrakten Grenzen, wie Weltanschauung, Religion, Sprache. Für sie werden keine Visa ausgestellt, Aufnahme und Ablehnung bleiben rätselhafte Phänomene. Eine Gesellschaft, die sich gegen Fremde abschottet, wird auch jede Art von Zweisprachigkeit bekämpfen.

In Deutschland ist türkisch die Muttersprache von 1,7 Millionen Menschen. Türkisch ist somit die am zweithäufigsten gesprochene Sprache des Landes. Türken, die in der zweiten Generation hier leben, sind zumeist zweisprachig, vor allem, wenn sie eine gute Ausbildung geschafft und sich einen Platz in der Gesellschaft erstritten haben. Doch das wird nicht auf Dauer so bleiben. Denn daraus, daß Deutschland sich trotz massiver Einwanderung nicht als Einwanderungsland begreift, folgt seine Angst vor der Zweisprachigkeit.

Es gibt keine staatlichen Programme und Konzepte für die Pflege und Entwicklung der türkischen Sprache in Deutschland. Schon die Kinder der Einwanderer sprechen ein recht bescheidenes, in ihren Ausdrucksmöglichkeiten beschnittenes Türkisch. Ihre Kinder werden die Sprache ihrer Großväter zum großen Teil verlernt haben. Die Zahl der Eltern, die ihre Kinder bewußt zweisprachig erziehen, ist nicht sehr groß. Vorurteile gegenüber der Zweisprachigkeit, so unbegründet sie auch sind, sind weit verbreitet.

Am fehlenden Engagement für die türkische Sprache und Kultur wird besonders gut deutlich, wie leer die Worthülse »multikulturell« ist. Pflege und Entwicklung der Muttersprache gehören zu den Grundrechten jeder Minderheit. In der Türkei werden sie zum Beispiel den Griechen und Armeniern gewährt. Den Kurden wird dasselbe Recht bislang verwehrt, weshalb der türkische Staat auch von deutscher Seite zurecht hart kritisiert wird.

Wie sieht es aber in Deutschland aus? Sicher, es gibt einen vernachlässigten, je nach Bundesland unterschiedlich gehandhabten muttersprachlichen Unterricht an den Schulen. Ein paar Stunden in der Woche, erteilt von aus der Türkei importierten Lehrern, das ist alles. Halt, da gibt es in manchen Städten und auf manchen Behörden Schilder und Formulare auf türkisch. Auch auf den Schildern an der ehemaligen Sektorengrenze in Berlin war Deutschland zumindest zweisprachig. Und die Waschzettel von Medikamenten, vor allem von Medikamenten gegen Magenschmerzen, sind oft ebenfalls in türkisch geschrieben. Abgesehen von diesen Augenblicken des praktischen Lebens bleibt jedoch die zweite Sprache Deutschlands meist ungehört und von den Deutschen eher als Ausgrenzung empfunden, vor allem wenn sie von den Türken als Verkehrssprache benutzt wird.

Muttersprachliche Programme in öffentlich-rechtlichen deutschen Fernsehen existieren überhaupt nicht und die täglich auf 40 Minuten beschränkten Sendungen im Rundfunk wurden erst vor kurzem von UKW zur Mittelwelle abgeschoben, wo die Empfangsqualität deutlich schlechter ist. Ist für die 5 Millionen Ausländer sogar eine UKW-Frequenz schon zuviel? Für den Intendanten des SFB Günther von Lojewski kann es für Ausländer kein Zugangsrecht zum öffentlich-rechtlichen Rundfunk geben. Die Gesellschaft sei nicht so auf Integration eingestellt, daß sie verschiedensprachige Programme auf einem Kanal akzeptieren könne. Integration in Deutschland soll nämlich nur über die Einbahnstraße der Assimilation erfolgen, auch wenn das von offizieller Seite geleugnet wird. Wenn aber türkische Kultur und Sprache derart in den Untergrund gedrängt werden und ohne öffentliche Unterstützung auskommen müssen, kann doch nicht von einem deutsch-türkischen Kulturaustausch gesprochen werden. Die Last eines solchen Kulturaustauschs liegt fast nur auf den Rücken der Einwanderer, und die Produkte derselben müssen fast ohne Publikum auskommen.

An den turkologischen Fakultäten an deutschen Universitäten, wo man vielleicht eine auf das Lehramt zielende pädagogische Ausbildung erwarten könnte, an dessen Ende man die türkische Sprache an deutschen Schulen als selbstverständliches und für Muttersprachler obligatorisches Fach lehren könnte, begegnet man eher Seminaren über osmanische Numismatik. Nirgendwo ist die Realitätsferne größer als in diesen ehemaligen Orchideenfächern, an denen die Einwanderung von 1,7 Millionen Türken nach Deutschland mit allen ihren Folgen fast vollkommen vorübergegangen zu sein scheint.

Nicht nur in den Köpfen schwingt der bedrohliche Osmane noch sein Krummschwert, auch in der Wissenschaft von der türkischen Sprache wird noch fleißig mit Bibliotheksstaub geimpft, gegen eine Wirklichkeit, in der die Muttersprache von 1,7 Millionen Menschen zunehmend verwahrlost. Das zumindest ist das Ergebnis einer xenophoben menschen- und minderheitenverachtenden Politik in Deutschland.

Mai 1992

Tradition und Tabu

Alle Tabus einer Kultur kreisen um Topoi, um feste Größen eigener Identität, Bildausschnitte und Buchstaben eines Textes. Der zitierte, zerschnittene, zerbrochene Text ist ein Lob des Zwiespalts, des zweigeteilten Körpers, ein Bannspruch auf die Totalität. Er spielt mit jenen Koordinaten um die Identität, die als Macht aufgebaut wird, zerstört Positionen und Standpunkte. Der Text als verletzte Zunge. Liebt der Verletzte seine Wunde, seine zerschnittene Zunge?

Wieviel Vertrautheit brauchen wir in der Fremde? Wieviel von jener Geborgenheit, Einbettung in die einem Volk, einem Kulturkreis gemeinsamen Legenden, Mythen, Glaubenskonfigurationen?

Prophetengeschichten, Heiligenlegenden, sprachlich erfaßt in einer in den Hintergrund, in die Rolle der zweiten Sprache gedrängten Muttersprache, verlegt in ferne, nie gesehene, nur von Fotos oder aus den Träumen bekannte Orte. Jeder Fremdling hat eine Auseinandersetzung mit der Mutter hinter sich, eine mit dem Vater vor sich. Die Mutter ist die Hüterin der Sprache, der Gesten. Der Vater der Bewahrer der Konvention. Der Vater verteidigt die Heiligen gegen die Blasphemie. Den Glauben und seinen Propheten. Eine innere Stimme hält den Fremdling vor der Blasphemie gegen die eigene Herkunft zurück, obwohl er voller Rebellion steckt. Seine innere Stimme hält ihn wie eine Kette, bis die Wurzel taub ist.

Mit der tauben Wurzel sterben früher oder später alle Gefühle ab. Es würde viel Schmerz ersparen, die Wurzel früher auszureißen, doch sie ist nicht auffindbar. Nach den Gefühlen bleibt der Zynismus der Unbehausten, die von einer verdrängten Sehnsucht zur anderen reisen, immer rastlos.

Aus der Sprache werden wie faule Zähne die Tabus gezogen. Der Zyniker empfindet keinen Schmerz. Die Wurzeln sind taub. Nichts ist heilig. Die Ängste werden weit verbannt.

Sobald das Tabu schweigt, wird es entfernt. Die Mutter ist dann schon tot.

Wieviel Konvention brauchen wir? Wieviel Geschichte? Wieviel Tradition?

Die Geschichte eines jeden Fremden endet mit seiner Geburt. Das unterscheidet ihn von anderen, die ihre eigenen Geschichtsschreiber sind. Der Fremde ist ein Geschichtenschreiber, oft auch nur Erzähler, weil die gesprochene Sprache die Schrift der Unbehausten ist.

Auf der Suche nach einer Tradition wirkt mancher Fund lächerlich, manches Gefühl geborgt, manches ist nur ein Umhang, den der nächste schon abwerfen wird. Es gibt keine innere Stimme, die die endgültige Stille verspricht, eine Kette für die Wahrheit, sondern nur Lärm um eine simulierte Vergangenheit. Fuchtelnde Arme, Zorn der Sprachlosigkeit, zahnlose Gewalt. Die Tabus sind die gezogenen Zähne.

Zeige mir deine Zähne, und ich sage dir, woher du kommst. Die Einheimischen haben an den Spitzen geschliffene Zähne, mit scharfen Kanten und festen Wurzeln. Bei den Fremdlingen ist es genau umgekehrt. Die Wurzeln sind spitz nach innen gerichtet, schneiden ins eigene Fleisch. Die Spitzen sind stumpf und glatt.

Der identifizierte Fremde verliert jede Intimität. Alles muß er offenlegen. Die Geschichte. Die Kette, die ihn nicht losläßt. Er wird zum Adressat der anderen. Zum nicht selbstgewählten Feind-Freund. Er steckt in einem Beziehungsabsolutismus, aus dem es keine Befreiung gibt.

Der weiße Mann haßt ihn. Die größte Angst des weißen Mannes ist die Heimatlosigkeit. Die Summe der Schmerzen aller Vertriebenen. Die Summe der Gewissensbisse für alle, die er vertrieben hat. Geschichte im Niemandsland zwischen Gedächtnis und Gewissen, vergessen, aber noch nicht ganz verdrängt, niemals ganz zu verdrängen, von keiner Bewältigungs- oder Bewährungsanstalt.

März 1992

Zwischen Herz und Haut

Dankesrede anläßlich der Verleihung des Adelbert von Chamisso-Förderpreises 1988

Meine Damen und Herren,

in allen Phasen und Bereichen unseres Lebens erleben wir einen zunehmenden Sprachverlust. Sprache, unser Schlüssel für die Welt, droht verlorenzugehen. Nach dem Verschwinden mündlicher Literaturtraditionen infolge der industriellen Revolution, stehen wir nun inmitten eines neuen Zeitalters, das die schriftliche Literatur bedrängt. Sprachferne, gar sprachlose Kommunikationsformen, die Reduzierung unserer Wahrnehmungen auf das Visuelle gehören schon zum Alltag, und der Mensch, der seinen Namen vergessen hat, ist ein Schreckgespenst, mit dem wir fortan leben müssen. Doch ich möchte mich hier nicht darin verlieren, Ihnen einen Zustand auszumalen, der wohl zur Genüge bekannt ist, der oft reflektiert und artikuliert wird.

Vielmehr geht es mir um das schwierige Verhältnis des Gedichts zur Sprache, zu ihrer in Not geratenen Grundlage; im Speziellen um einige Besonderheiten meiner eigenen Dichtung.

Der Begriff »Muttersprache« verbirgt die ursprüngliche Bedeutungstiefe des Wortes Sprache. Sprache, so möchte man behaupten, verschafft Identität und Geborgenheit. Nur durch sie können wir uns orten und begreifen, in der Welt beheimatet sein. Was aber geschieht, wenn sie uns abhanden kommt? Kann es angesichts der Hohlräume, die durch den Verschleiß und den Verlust von Sprache in unserer Wahrnehmung bereits entstanden sind, noch eine Muttersprache im wirklichen Sinne des Wortes geben?

Ich möchte behaupten, daß Muttersprache immer stärker zu einem nostalgischen Begriff wird, die eigene, die sogenannte Muttersprache wird zu einer fremden Sprache; unsere Beziehung zu ihr ist nicht mehr selbstverständlich, sondern von all den Problemen belastet, die die Sprachblindheit mit sich bringt. Die Fremde, die wir in der Sprache und durch sie empfinden, ist nur ein Spiegelbild unserer Fremdheit in einer uns immer mehr aus der Hand, aus der Sprache gleitenden Welt.

»Et toute langue/est étrangère.«, schreibt der französische Poet Eugène Guillevic. Und jede Sprache ist eine Fremdsprache. Mißtrauen begleitet jedes einzelne Wort. Diese nüchterne Tatsache ist der Ausgangspunkt des Gedichts. Das Gedicht stellt ein »Zurück zur Sprache« dar, die Suche nach einer Mutter-Sprache in der Sprache, die über sie hinausreicht; das Forschen nach einem umspannenden Ausdruck des menschlichen Daseins. Es ist ein durch Sprache objektiviertes Konzentrat menschlicher Gedanken und Empfindungen, subjektiver Eindrücke und persönlicher Erlebnisse.

Ich möchte Ihnen an dieser Stelle zeigen, wie das bei meiner eigenen Dichtung aussieht. Meine Gedichte entstehen in erster Linie in deutscher Sprache, in einer Sprache, die ich noch als Kind, als Zweitsprache, erlernt habe, die zu meiner Lebenssprache geworden ist, zu der Sprache, in der ich lebe; die Sprache, die in mir lebt, ist dagegen noch türkisch, die Sprache meiner Eltern, meiner geteilten Kindheit, meiner brüchigen Erinnerungen.

Auf der einen Seite berühre ich deutsche Geschichte, Gegenwart und Zukunft, Sprache und Dichtung, die Expressionisten vor allem und die Lyrik der Nachkriegsjahre, die Lyrik der Dichter ohne Heimat: eine nahe Ferne; andererseits meine Kindheit, mein Elternhaus, Istanbul, diese launische und geschichtsträchtige Stadt voller Fassaden und Stimmungen aus vergangener Zeit, Bilder und Klänge aus alten Diwanen, die vielsprachige muslimisch-levantinische Welt, die Zug um Zug verschwand, die Sehnsucht des Abwesenden: eine ferne Nähe.

Meine Dichtung bewegt sich in einem Zwischenbereich, stellt eine Teilmenge von beiden Welten, von Innen- und Außenwelt und ihren Sprachen dar. Sie ist ein dritter Ort, wo sich vielleicht eine brüchige, eine flüchtige Mutter-Sprache verbirgt, wo die Ortlosigkeit meiner Innenwelt und die Verortung meiner Außenwelt aufgehoben werden, wo Innen und Außen sich betasten und filtern.

In diesem synthetischen Charakter liegt der utopische Anspruch meines Gedichts. Ein Versuch, mich und mein Dasein in seiner vielschichtigen, in sich widersprüchlichen Gesamtheit zu empfinden und sprachlich zu erfassen. Für Augenblicke, den ganzen Menschen wieder herstellen, der sich weder in der Phantasie und im Empfinden noch in der Rationalität empirischer Wahrnehmung und abstrakter Denkmuster erschöpft.

Entscheidend für mich bleibt, daß ich hier in diesem Land lebe, in der Wirklichkeit dieses Landes und der deutschen Sprache, zugleich aber verspüre ich den inneren Trieb zur Entgrenzung dieser Welt und dieser Sprache. Um eine poetische Sprache zu gewinnen, muß ich meine Sprachen fast verlieren.

Eine Inventur der Spuren in mir ist für das Entstehen meiner Gedichte unerläßlich. Hier im Innern, wo es noch eine von meiner Außenwelt verschiedene Erfahrungssphäre gibt, liegt die Quelle eines nostalgischen Rinnsals verborgen, das sich durch meine Gedichte zieht und zu dem ich mich bekenne. Von klein auf hat es mein Gedicht begleitet, es genährt. Es ist gegenwärtig und doch scheu wie ein Falter, es führt mich an den Rand der gegenwärtigen Stunde, wo ein Panorama auf das Vergangene, das Verlorene eröffnet wird.

Um Mißverständnissen vorzubeugen, das Nostalgische,

wie ich es auffasse, ist kein Rückwärtsträumen, kein Gefühl im Sonderangebot, das sich im Basar der lyrischen Händler verläuft, sondern ein erweiterter Blick nach außen durch eine innere Linse, Blick nach vorn, durch den Filter der Vergangenheit. Es ist der Versuch, mir meine in mir verschollene Geschichte zurückzuholen, mich meine Wurzeln spüren zu lassen, jetzt und hier, meine zersplitterte Welt von gestern in einer anderen als meiner inneren Sprache neu zusammenzufügen, und dadurch ins Freie zu tragen, in den Morgen hinein.

Der Dichter ist kein Technokrat, der die Welt nur vorwärtszimmern will; er ist eher einer, der mit Tanzschritten vorgeht.

Meine Dichtung ist das Ergebnis einer ständigen Bewegung. Dort im Unbewußten, im Land der Eingebung, wo sich Eindrücke und Erlebnisse niederlassen, aus dem das Poetische hinauswächst, findet durch eine emotionale Zündung eine Art Übertragung zwischen Außen- und Innenwelt statt, eine ständige Chiffrierung des Sichtbaren und Dechiffrierung des Verborgenen. Diese Übertragung entspricht genau meinem Lebensgefühl zwischen zwei Welten und Sprachen, zwischen Herz und Haut.

Es ist somit kein Zufall, daß die Metapher das Muttermal meiner Dichtung ist. Die Metapher ist ein unverzichtbarer Ausdruck poetischer Wahrnehmung, in ihr lösen sich die Grenzen zwischen der abstrakten Sphäre des Denkens, der porösen Welt des Gefühls und der konkreten sinnlichen Wahrnehmung auf. Durch die Metapher, die Hans-Jürgen Heise in einem Aufsatz als »Vokabel des Gefühls« bezeichnete, wird sinnlich gedacht, findet eine Konkretisierung des Irrationalen statt.

Bildlichkeit in meiner Dichtung steht im bewußten Gegensatz zur reinen Begrifflichkeit, in der ich mehr ein rhetorisches als ein poetisches Element sehe.

»Wer nicht in die Fremde geht, aus dem wird kein Poet«,

heißt es in einem türkischen Sprichwort. Deutlicher als zu irgendeiner anderen Zeit steht Fremdheit heute in der Geburtsurkunde des Dichters geschrieben. Mit diesem Geburtsschein kann ich mich nirgendwo zu Hause fühlen, außer von Zeit zu Zeit auf der Suche nach einer bewohnbaren Sprache – vielleicht der letzten Utopie, die uns noch bleibt –, im Bewußtsein der Widersprüchlichkeit meines Daseins, mich zu meiner doppelzüngigen Identität bekennend, zu Sehnsüchten, die zu poetischen Schlüsseltrieben werden, weil sie niemals einlösbar sind.

Für das kosmopolitische Gefühl, das mir meine Heimatlosigkeit gibt, bin ich dankbar, es ermöglicht mir, das Fremde im Eigenen und das Eigene im Fremden zu sehen und zu verlieren.

Ich plädiere für Gedichte als ein paar Längen Stoff, um draußen nicht zu frieren, um in der Fremde stehen zu können ohne Heimweh, um wie ein in der Sprache Verlassener anzustimmen den Gesang der Verlassenheit.

Ich danke Ihnen für Ihre Aufmerksamkeit!

Februar 1988

Folgende Artikel erschienen in gekürzter Form:

Deutschland – Heimat für Türken?
in: *Süddeutsche Zeitung*, 17. 5. 1990

Ein Türke geht nicht in die Oper
in: *Tageszeitung*, 21. 1. 1992

Wann ist der Fremde zu Hause?
in französischer Übersetzung in:
Hommes & Migrations, Februar/März 1992

Götterdämmerung in Deutschland
in: *Tageszeitung*, 16. 3. 1992

Dialog über die dritte Sprache
in: *Tageszeitung/Journal:*
Die Deutschen und die Fremden, 1992

(Photo: Anne Vaillant)

Zafer Şenocak, geboren 1961 in Ankara, lebt seit 1970 in Deutschland, z.Z. in Berlin. Er studierte Germanistik, Politik und Philosophie in München. Seit 1979 veröffentlicht er Gedichte und Essays in deutscher Sprache. Folgende Gedichtbände liegen von ihm vor: *elektrisches Blau* 1983, *Verkauf der Morgenstimmungen am Markt* 1983, *Flammentropfen* 1985, *Ritual der Jugend* 1987, *Das senkrechte Meer* 1991. Übersetzungen aus dem Türkischen u.a.: *Das Kummerrad*, Gedichte von Yunus Emre 1986, (gemeinsam mit Eva Hund) *Eine verspätete Abrechnung*, ein Roman von Aras Ören 1987.

Er erhielt für seine Arbeiten mehrere Stipendien und den Adelbert von Chamisso Förderpreis 1988. Die mehrsprachige Literaturzeitschrift *Sirene* wird von ihm mitherausgegeben.

Babel Literatur

Wolfgang Heyder (Hrsg.)
Diese Jahre nahe Jerusalem
Israel literarisch
Das Panorama der israelischen Gegenwartsliteratur
192 Seiten, Broschur, DM 24,80

Deniz Göktürk / Zafer Şenocak (Hrsg.)
Jedem Wort gehört ein Himmel
Türkei literarisch
Das Panorama der türkischen Gegenwartsliteratur
208 Seiten, Broschur, DM 24,80

berliner edition

Aras Ören / Peter Schneider
Leyla und Medjnun
Märchen für Musik
48 Seiten, Broschur, DM 12,80

Aras Ören / Peter Schneider
Wie die Spree in den Bosporus fließt
Briefe zwischen Istanbul und Berlin
48 Seiten, Broschur, DM 10,80

Zafer Şenocak
Das senkrechte Meer
Gedichte
96 Seiten, Broschur, DM 16,80

Babel Verlag Hund&Toker
Eylauerstr. 17
W - 1000 Berlin 61
Tel. 030 - 785 12 87